O PODER DA MÚSICA

Agradecimentos

Ousadamente, acredito que a coleção **O Poder do Poder** é um momento novo na indústria do livro. Um novo conceito de "construir e escrever" livros está nascendo — o livro-clipping.

Este sonho empresarial foi e é um desafio no jogo da vida. Aliás, este jogo — descobri — não é um jogo *ganha-perde* ou *perde-ganha*, é um jogo *ganha-ganha*. Todos ganham, culturalmente. Do autor ao leitor.

Quando começo a pensar nos difíceis estágios por que passou este projeto, não posso deixar de lembrar a importante colaboração que recebi de várias pessoas, sem as quais não seria possível a sua realização material.

Com orgulho literário, agradeço a todas essas pessoas, físicas e jurídicas — pesquisadores, programadores, jornalistas, escritores, advogados, empresários, diretores de editoras, de gráficas, de jornais e TVs — o apoio direto ou indireto que ofereceram à realização deste trabalho. Sem a solidariedade, profissional e humana, desses amáveis colegas de trabalho, este projeto editorial jamais teria sido possível.

A todos, minha infinita gratidão.

O Editor

Coleção
O PODER DO PODER

O PODER DA MÚSICA

A música é um fenômeno universal. É a linguagem de todos os povos.

A música é o produto de maior consumo das sociedades industrializadas.

A musicoterapia é um método de cura da alma e do corpo. Você pode usar os efeitos terapêuticos da música.

Você tem o poder de mudar a sua vida

32

LIVRO	MARTIN CLARET	CLIPPING

Coleção

O PODER DO PODER

Idealização e Realização
Martin Claret

Pesquisa e Organização
Manville Avalon

Projeto Gráfico
José Duarte Teixeira de Castro

Digitação
Conceição A. Gatti Leonardo

Revisão
Marcos Agathão

Editoração Eletrônica
Bypress Comunicação

Direção de Arte
José Duarte Teixeira de Castro

Fotolitos em Editoração Eletrônica
Publishop Informática Visual e Editorial

Papel
Off-set/ 87 x 114 x 90g

Impressão e Acabamento

Cromosete Rua Uhland, 307 - Vila Ema
GRÁFICA E EDITORA LTDA. Cep 03283-000 - São Paulo - SP
Tel/Fax 011 6104-1176

Editora Martin Claret Ltda. - Rua Alegrete, 62
Bairro Sumaré - CEP 01254-010 - Tel.: (011) 262-8144
Fax: (011) 263-7146 - São Paulo - SP

Qualquer informação complementar sobre a Coleção
O Poder do Poder telefonar para (011) 262-8144

L I V R O	MARTIN CLARET	CLIPPING

O Livro Vivo

MARTIN CLARET

O poder da informação

O homem é um animal neurolingüístico. Ele cria sua realidade a partir do pensamento e da palavra. Sua potencialidade é quase infinita. O conhecimento de si mesmo é a sua meta suprema.

Essa escalada do homem é uma imensa epopéia cósmica, e neste contexto cada criatura é um herói. Mas o início dessa escalada cultural foi terrivelmente difícil.

Vivemos, hoje, na "idade da informática". Não mais fazemos parte de uma cultura coletora, agrícola ou industrial, mas de uma cultura da informação. Vivemos numa época de profundas mudanças. Novas idéias e novos movimentos mudam o mundo quase que diariamente. Essas mudanças vêm a nós através de livros, jornais, cinema, teatro, filmes, chips de computador, etc. Nesta nova sociedade, quem tiver mais informações, tem maior poder. John Galbraith, o iluminado autor de A Era da Incerteza, proclamou: "Dinheiro é o combustível da sociedade industrial. Mas na sociedade da informática o combustível, o poder, é o conhecimento. Vê-se agora a estrutura de uma nova classe dividida entre aqueles que têm informação e os que devem atuar na ignorância. Esta nova classe não tem poder no dinheiro, ou na terra, mas no conhecimento."

Hoje, essa chave do poder do conhecimento é acessível à maioria dos seres humanos.

Definição de poder

Poder.

Nada exerce mais atração sobre os seres humanos do que essa palavra mágica. Nenhuma paixão é mais duradoura, nenhuma companhia mais constante. O poder é uma das mais legítimas emoções humanas. Sua motivação são os resultados. Agir para ser mais.

Poder é uma palavra incrivelmente emocional. Diante dela são infinitas nossas reações. Cada um tem um conceito pessoal da palavra poder. Para muitas pessoas ela tem uma conotação negativa. Outras, explícita ou secretamente, cobiçam o poder. Os mais ortodoxos suspeitam do poder. Cada um tem uma definição própria para o vocábulo poder.

Como uma cultura, nós temos sido ambivalentes a respeito do poder. Não obstante, poder — que deriva do latim potere, "ser capaz" — é energia. Sem poder não há ação ou movimento. Poder é um assunto central da transformação do ser humano.

Eu proclamo o Poder Correto — o poder usado não como instrumento negativo ou para glorificar o ego, mas a serviço da Vida. O poder como um ato de sabedoria e não como um instrumento para manipular pessoas. Poder compartilhado, e não o poder imposto.

Poder é a capacidade e habilidade de mudar nossas vidas. É a habilidade de definir as necessidades humanas e resolvê-las. Poder é energia.

O amor ao poder

Michael Korda, o editor-chefe da poderosa editora Simon & Suster — ele mesmo participante do fascinante jogo do poder —, no seu best-seller Poder, Como Conquistá-lo, Como Utilizá-lo, nos dá didaticamente as principais normas para criar poder.

Para completa informação de meus leitores, passo a transcrevê-las.

Primeira: "Pratique cada ação como se fosse a única coisa que realmente importa no mundo." Segunda: "Nunca revele aos outros tudo a teu respeito; guarde alguma coisa de reserva, para que eles nunca tenham certeza de que realmente te conhecem." Terceira: "Aprende a usar o tempo e pense nele como um amigo, não como um inimigo. Não o desperdices indo atrás de coisas que não desejas." Quarta: "Aprende a aceitar os teus erros. Não sejas perfeccionista a respeito de tudo." Quinta e última norma: "Não cries ondas; move-te suavemente, sem complicar as coisas."

Como homem, para quem o único limite do poder é o limite de acreditar, Michael Korda, nos dá, ainda, este ensinamento essencial: "Quanto mais mecâni-

co e complicado for o nosso mundo, mais precisamos da simplicidade do poder para nos guiar e proteger. É o único dom que nos permite continuar sendo humanos num mundo desumano — porque o amor ao poder é o amor por nós mesmos."

A gênese da coleção O Poder do Poder

Sou editor de livros. O universo da minha vida sempre gravitou em torno de ler livros e "fazer livros". Sempre amei o livro em todas as suas formas e sempre acreditei na função do livro. Para mim o livro tem o poder de mudar as pessoas, e de mudar o mundo. Há 20 anos proclamo o princípio cultural de "Ler mais para ser mais".

Na juventude e mesmo como adulto sempre copiei, recortei ou xeroquei textos de "especial importância" para o desenvolvimento do potencial humano. Formei pastas e pastas desse material informativo — para meu uso e eventualmente para o uso dos amigos. Essa idéia foi inspirada no genial DeWitt Wallace, o fundador da Reader's Digest (a nossa Seleções) — o projeto editorial de maior sucesso em todo o mundo. DeWitt também, antes de fundar sua revista "praticava" esse singular hobby de colecionar recortes de artigos de interesse permanente — aliás, essa foi a idéia que deu origem à sua famosa revista multinacional. Mais tarde, usei parte desse meu material e o know-how adquirido em minha atividade profissional. Esta é a gênese da coleção ***O Poder do Poder*** *e de outros trabalhos editoriais realizados por mim.*

O Livro-clipping

O útil Dicionário de Comunicação, de Carlos Alberto Rabaça/Gustavo Barbosa, publicado pela Editora Codecri, define a palavra inglesa ***clipping****, assim:* ***1.*** *Serviço de apuração, coleção e fornecimento de recortes de jornais e revistas sobre um determinado assunto, sobre as atividades de uma empresa ou instituição, sobre determinada pessoa, etc. É realização geralmente da organização, pela agência de RP ou de Publicidade que atende à empresa, ou por uma agência especializada neste tipo de serviço (conhecida como agência clipper).* ***2.*** *Recorte de jornal.* ***3.*** *O conjunto de recortes, recebido pelo interessado."*

Sem o saber, inconscientemente, ao colecionar e "organizar" os meus recortes, sempre vinha exercendo o ofício de organizar clipping, embora fosse para uma só pessoa — para mim mesmo.

Impulsionado por várias circunstâncias, depois de alguns anos, já como editor, resolvi usar os meus conhecimentos para ela-

borar esta coleção, usando o mesmo princípio do clipping. Dei uma estrutura mais refinada ao material de texto, organizei os assuntos, criei uma capa — e eis o livro-clipping. O grande e principal objetivo é difundir conhecimentos especializados, e transformar as pessoas. Sempre fui centrado nessa magnífica obsessão.

Estrutura textual da coleção

Estatísticas nos Estados Unidos revelam a incrível constatação: quase 50% das pessoas que compram livros não os lêem até o final. No Brasil não é diferente. Motivos: além de hábitos culturais improdutivos, descuidos de editoração contribuem para essa lamentável situação.

*A coleção **O Poder do Poder** é um esforço para corrigir, qualitativamente, algumas dessas falhas. Minha meta principal é apresentar um novo conceito de fazer livros — o livro-clipping. O livro essencializado, de interesse permanente, com texto na medida certa e de agradável diagrama. Livro de fácil leitura.*

A coleção é aberta — são aceitas sugestões de títulos e de assuntos. O próprio leitor torna-se um colaborador.

Embora esta coleção tenha estrutura de continuidade, cada livro possui sua autonomia própria. É um livro com começo, meio e fim. Os textos são capítulos essenciais extraídos de publicações nacionais e estrangeiras com afinidade de assunto, formando sinergeticamente um material redacional de grande coerência. A integridade do texto original é totalmente conservada.

Aos leitores que tenham interesse em aprofundar o assunto tratado em cada capítulo, recomendamos a leitura do livro original. Desejamos, mesmo, que os textos de cada capítulo motivem o leitor a uma consulta mais extensa ao livro-matriz. Aliás, esta é a essência do livro-clipping — provocar interesse e informar.

Mensagem cultural

A Galáxia de Johann Gutenberg (1400-1468) continua em expansão. A "idade da informática" ilumina mentes e corações. O homem continua sua fantástica escalada cultural. Nesse imenso universo vivo, o livro é a maior fonte de conhecimento e poder.

Livro muda as pessoas.
Livro muda o mundo.
"Ler mais para ser mais."

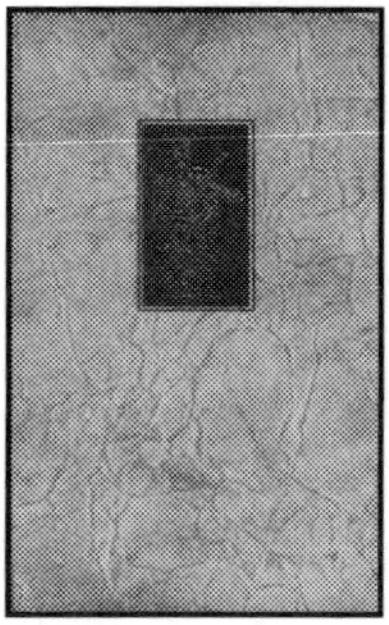

HISTÓRIA UNIVERSAL DA MÚSICA
Kurt Pahlen
Formato: 16 x 23
386 páginas
Edições Melhoramentos
São Paulo
(Ver pág. 122)

A Música na Vida Humana

KURT PAHLEN

A vida é som. Continuamente estamos cercados de sons e ruídos oriundos da natureza e das várias formas de vida que ela produz. O homem fala e canta há incalculáveis milhares de anos e, graças ao seu ouvido maravilhosamente construído que se parece a uma harpa com infinidade de cordas, percebe sons e ruídos, embora apenas uma parte insignificante da imensidão de tudo quanto soa. Todas as crianças, sem exceção, nascem com capacidade musical, voz e ouvido: crianças da cidade, do interior, das zonas frias, dos trópicos, das planícies, brancas, pardas, pretas, amarelas, vermelhas. A própria natureza é que nos dá a música; o que dela fazemos varia, conforme o temperamento, a educação, o povo, a raça e a época.

A natureza está cheia de sons, de música: há milhões de anos, antes que houvesse ouvidos humanos para captá-la, borbulhavam as águas, ribombavam os trovões, sussurravam as folhas ao vento... Quem sabe quantos outros sons se não propagaram! Talvez cantassem os raios do sol nas montanhas que se aqueciam todas as manhãs, como ainda hoje cantam misteriosamente nas colunas egípcias de Memnon; durante tempos sem fim deve ter ressoado o órgão natural da gruta de Fíngal, muito antes que os celtas lhe chamassem "llhaimh bin", gruta da música, e muito antes, ainda, que um compositor romântico, Mendelssohn, transferisse aqueles sons naturais para a moderna orquestra. E o estranho "ouvido de Dionísio", da Sicília, aumentou, com certeza, todos os sons que o penetravam, muito, muito antes que um ser humano lá se achasse para comprovar o milagre. A terra a abrir-se na mocidade, as fontes a jorrar, os vulcões e as montanhas a explodir, as águas do dilúvio a subir, tudo deve ter constituído gigantesca sinfonia que ninguém nos descreveu.

O homem nasceu num mundo repleto de sons. O trovão, amedrontando-o, tornou-se símbolo dos poderes celestiais. No ulular dos ventos percebia ele a voz dos demônios. Os habitantes do litoral conheciam o mau ou bom humor dos deuses pelo bramir das águas. Os ecos eram oráculos e as vozes dos animais, revelações. Religião e música mantiveram-se inseparavelmente ligadas nos antigos tempos da humanidade.

Grande foi a influência da música sobre a mente humana. O homem primitivo dispõe apenas de poucas palavras. Quase somente o que ele vê é que tem nome. Para exprimir os sentimentos, serve-se de sons e cria a música que o ajuda a exteriorizar o júbilo, a tristeza, o amor, os instintos belicosos, a crença nos poderes supremos e a vontade de dançar. Para ele é parte da vida a música, desde o acalanto até a elegia fúnebre, desde a dança ritual até a cura dos doentes pela melodia e pelo ritmo.

O efeito da música sobre o homem diminui no decorrer dos milênios; apesar disso, podem ser encontrados nos tempos históricos e até na atualidade interessantes exemplos do seu poder. Davi toca harpa para afugentar os maus pensamentos do rei Saul; Farinelli, com o auxílio da música, cura a terrível melancolia de Felipe V. Timóteo provoca, por meio de certa melodia, a fúria de Alexandre, o Grande, e acalma-o por meio de outra. Os sacerdotes celtas educam o povo com a música; somente eles conseguem abrandar os costumes selvagens. Diz-se que Terpandro, tocando flauta, abafou a revolta dos lacedemônios. Santo Agostinho conta que um pastor foi, em virtude das suas melodias, eleito imperador. E a história do caçador de ratos de Hameln é um exemplo conhecidíssimo do efeito da música sobre o homem e o animal. Na literatura moderna, deparam-se-nos numerosas obras de psicologia profunda em que as mais fortes excitações sentimentais são provocadas pela influência da música. Com exceção de "Werther", nenhuma outra obra de arte originou semelhante onda de melancolia e suicídio como o "Tristão", de Wagner.

A música age sobre o indivíduo e a massa; encontra-se não somente na história das revoluções senão também nas psicoses de guerra. A música é, nas mãos dos homens, um feitiço; o seu efeito se estende desde o despertar dos mais nobres sentimentos até o desencadeamento dos mais baixos instintos, desde a concentração devotada até a perda da consciência que parece embriaguez, desde a veneração religiosa até a mais brutal sensualidade.

Pelo pouco que dissemos, já se depreende que a música tem inúmeras facetas. Uma canção de dança moderna difere certamente de um coral de monges na solidão de um mosteiro; difere a canção de berço da marcha que deve estimular os soldados ao ataque contra o inimigo; difere a canção de amor, numa noite azul de verão, da toada rítmica que o alto-falante difunde numa fábrica moderna para aumentar a produção.

A variedade da música é ilimitada. Que distância entre a melodia tritônica, sempre repetida, do indiano, e a sinfonia de um grande mestre, entre as danças sagradas do longínquo Oriente e a música européia de ópera, entre o coral gregoriano e o jazz! E, não obstante, tudo isso vive ao mesmo tempo, agora, no nosso planeta, e para tudo isso usamos a mesma palavra: música.

Maiores ainda se tornam as diferenças se seguirmos a música no seu percurso de milhares de anos, o que será a razão deste livro: melodias sagradas dos egípcios, teatro grego, coros antigos, canções de guildas e artesãos da Idade Média e o grande despertar artístico da Renascença; e mesmo desde então até hoje, que diferença entre Palestrina e Haydn, entre Bach e Chopin, entre Beethoven e Stravinsky, entre Mozart e Debussy!...

A vida é som, dissemos. A vida é movimento, e o som se origina do movimento. A acústica, é verdade, discerne fundamentalmente duas classes de sons: os sons propriamente ditos e os ruídos, conforme forem as vibrações uniformes, ou não. A música, segundo a antiga teoria, deve ocupar-se apenas dos primeiros. Mas não é tão fácil traçar claramente o limite. Muitos são os instrumentos que apenas produzem ruídos, e não sons, e que ocupam lugar importante na moderna orquestra: tambor, triângulo, pratos, tantãs, castanholas, tamborins! E quem já ouviu uma orquestra malaia de gongos, sem dúvida sentirá a fantástica harmonia desses instrumentos como forte impressão musical, apesar de a física afirmar diferentemente. Veremos mais tarde como, no nosso tempo, sofre violentos ataques o sistema de sons que há séculos constitui a base da música ocidental. Muitos desses ataques visam ao verdadeiro ponto fraco, pelo qual o nosso sistema, desenvolvido da série de tons superiores, se tornou, pelo "tempero", mais simples, mas matemática e fisicamente tão impuro, que a ligação entre ciência e música não passa de simples ficção.

Não discutiremos aqui teoria nem ciência. Sejam os números de vibrações puros ou falsos, o *dó sustenido* igual ou não ao *ré bemol,* o semitom a menor unidade ou não, a subtônica uma imposição, o sistema dodecafônico um capricho, o que nos interessa apenas são as obras que o sistema produziu, é o desenvolvimento da música durante milhares de anos de história humana, desde as primeiras expressões de vida, desde o elemento instintivo até a obra de arte mais elevada e nobre da humanidade. Será um ciclo? Não, uma série de grandes ciclos misteriosos, um eterno nascer, desaparecer e renascer, um caminho misterioso pela vida e pela morte, através de países e continentes, culturas e épocas.

De tudo quanto soa, ao redor de nós, imperscrutavelmente e de milhões de modos, só uma pequena parte é que nos penetra a consciência, pelos ouvidos e pelo cérebro. Uma parte ainda menor nos penetra o coração, onde pode despertar ecos, e essa parte pequenina é um mundo inteiro...

Que é a música? Quando eu era jovem, um meu aluno surpreendeu-me com essa pergunta. Respondi-lhe:

— A música é um fenômeno acústico para o prosaico; um problema de melodia, harmonia e ritmo para o teórico; e o desdobrar das asas da alma, o despertar e a realização de todos os sonhos e anseios de quem verdadeiramente a ama...

Ainda hoje assim penso.

A Música na Antiguidade

A música é velha como a humanidade; é com a dança a mais velha de todas as artes (apesar de assim não poder ser sentida pelo homem primitivo, visto que ele desconhece o conceito de arte). Contudo, a sua história é de fato a mais curta e nova. Possuímos monumentos de bronze e de pedra que nos testemunham culturas desaparecidas, e poesias, lendas, filosofias de milhares de anos pelas quais podemos formar uma imagem espiritual das épocas passadas. Apenas com a música a coisa é diferente.

Nenhum som nos vem das culturas mortas. E datam de pouco os primeiros manuscritos que deciframos sem cometer erros e que transcrevemos no sistema moderno, dando-lhes nova vida. O resto, o que antecede, música de milhares de anos durante inúmeras culturas, está para sempre perdido na noite dos tempos.

Li certa vez — creio que na obra de um escritor norte-americano — interessante comparação. Suponhamos, diz ele, que a terra, desde os seus primeiros tempos até hoje, tenha vivido, não milhões de anos, mas apenas um único ano, de primeiro de janeiro ao último dia de dezembro. Se pretendermos situar a época da chegada do homem ao mundo, deveremos avançar muito: no dia 31 de dezembro, às 6 horas da tarde, é que aparece o senhor da criação. Mas não começam ainda os tempos históricos. Outras horas devem passar... Cerca de um minuto e meio antes da meia-noite é que se inicia a história. E agora mais um passo para demonstrar aos leitores a incrível brevidade da história da música: começa ela aproximadamente 15 segundos antes da meia-noite do derradeiro dia do ano que a terra vive... Deveremos sentir-nos pequeninos e insignificantes, ou deveremos orgulhar-nos de tudo o que os 15 segundos produziram de belo?

Pouquíssimo sabemos da música da Antigüidade. E sobretudo falta o mais importante: a própria música. Sobre ela lemos em velhos e eruditos livros de religião, filosofia, matemática, astronomia e ciência do caráter. Em todos eles a música ocupa freqüentemente lugar importante. Vemo-la mencionada em poemas antigos, sagas, lendas e contos. Dela fala a Bíblia, falam os sábios da China e as tradições indianas, descrevendo-lhe a beleza, o feitiço, o poder. Como seria aquela música? Ninguém o sabe, dela nos separam séculos e nada no-la pode devolver.

Um pouco mais perto nos levam os testemunhos de pedra: os monumentos, monólitos, figuras, relevos, vasos, travessas, urnas. Neles, muitas vezes, vemos cenas musicais, reproduções de instrumentos e até de orquestras inteiras. Fizeram-se medições, para se conhecer a consonância dos instrumentos, contaram-se as cordas das liras e harpas, os orifícios dos instrumentos de sopro, precursores das nossas flautas, oboés e trompetes e estudou-se o efeito dos instrumentos de percussão.

Às vezes, encontram-se os

próprios instrumentos em velhíssimos túmulos e cidades desaparecidas. Podemos, assim, reconstruir-lhes a execução e compará-la à dos instrumentos de hoje. Mas, apesar de tudo... como terá sido a música? Não sabemos. Foi música por música, música para divertir, distrair e alegrar? Ou foi servidora de uma idéia elevada, ou de um fim materialista?

Sentimo-nos tentados a reconstruir com os restos encontrados, com as tradições de origem poética, com o nosso conhecimento de antigas culturas, uma imagem que não difere muito da música presente. Cantavam os sacerdotes nos templos como o fazem hoje? Tocava em honra do rei vitorioso uma orquestra enorme como vemos no relevo assírio? Acompanhavam os escravos do Egito a construção das pirâmides com música, para facilitar o trabalho pesado, ou como os negros do Haiti, quando carregam os sacos de café para os navios, sob o calor tropical? Não era como a do nosso tempo a música que ressoava, alegre, nos velhos palácios de reis, que acompanhava as danças e as refeições? Reconstruímos tudo; sabemos que havia canto individual e coral acompanhado ou não por instrumentos, música religiosa e profana — tudo como hoje. E, apesar disso, não podemos saber que música era.

Também para as antigas teorias de música descobrimos importantes pontos de apoio. Temos conhecimento, entre outros, de um sábio chinês, Ling Lun, que, por volta de 2.500 anos antes de Cristo, ordenou os cinco tons da música oriental, explicou-os, sistematizou-os e deu-lhes nomes estranhos. Cada tom tinha o nome de uma classe social, desde o imperador até o camponês.

Cinco tons, em vez dos doze que representam hoje o nosso sistema de música? A escala pentatônica, como se diz em grego, está surpreendentemente divulgada na terra inteira: na China, no Japão, na América, na Groenlândia e até na Europa. A Ásia, como vimos, guardou-a numa teoria antiqüíssima e ainda hoje os cinco tons são característicos em grandes partes do Oriente; serão tão poucos para o Oriente quatro mil e quinhentos anos? Que de modificações não houve nesse tempo no sistema musical do Ocidente! É a música pentatônica um simples começo ou já um progresso comparado ao sistema de três tons que ainda hoje encontramos entre raças primitivas da África e da América?

E como se originou dessa música primitiva a cadeia dos

sistemas de tons que hoje conhecemos? Aumentaram os tons de três para quatro, para cinco? Na Grécia passaram para seis e sete, e na Idade Média, pela "elevação" e "abaixamento", para um número muito maior que depois, pelo "tempero", se restringiu aos nossos 12 tons?

Podemos realmente falar de um desenvolvimento contínuo? Os indianos, os árabes e provavelmente também os chineses não conheciam há milhares de anos outros sistemas de música? Música com terças e quartas? Terá um povo, ao mesmo tempo, duas músicas diferentes, uma religiosa e outra profana? Ou uma para classes elevadas, e outra para o povo? Para tudo isso, dispomos de pontos de apoio. Há diferenças de audição segundo raças e épocas, há evolução para o aperfeiçoamento, gira-se em torno de um ponto, ou se sobe e desce desordenadamente?

E — aqui chego ao cerne de todas as pesquisas musicais — será verdade que a música polifônica só foi "inventada" na Idade Média, e todos os milhares de anos anteriores, todas as prévias culturas apenas criaram música monódica, uma só melodia, sem contraponto, sem harmonia, sem acompanhamento? Para que então as grandes orquestras existentes nas cortes de Nínive, Susa e Babilônia, para que o gigantesco coro de sopradores no grande templo de Jerusalém? E a tragédia grega, exemplo de todos os teatros, com a sua profunda sabedoria, a sua fusão de todas as artes — a tragédia que era cercada de música, quando não acompanhada e parcialmente cantada — tudo isso sem polifonia? Temos o direito de negar a existência da polifonia só porque não podemos prová-la? Poderemos considerar outros séculos — que em muitos pontos de maneira nenhuma foram inferiores ao nosso, e em alguns até superiores — mais pobres, na arte musical do que realmente foram e muito mais pobres do que o nosso? Não terão os muitos séculos, entre o florescimento da Grécia e a polifonia da Idade Média, eliminado os trechos que indicavam uma polifonia nos textos, visto que não podiam compreendê-los? Com isso, nada pretendo afirmar; quero apenas exprimir o que, muitas vezes, me cruzou a mente. Em todos os campos, há um sem-número de coisas "esquecidas" pertencentes às antigas culturas.

A música não é como a poesia ou a pintura. Vive um momento e desaparece. E uma vez desaparecida, ninguém mais pode concretizá-la. É por isso que este capítulo contém tantos pontos de interrogação...

Para conhecermos a música do passado, dispomos de dois caminhos. Um é a existência da tradição oral; há povos em que as melodias vivem, às vezes, muito tempo. Todavia, há somente a possibilidade de remontar uns poucos séculos, tratando-se de melodias populares cuja conservação não está oficialmente confiada a ninguém. Somente quando tal se verifica é que a existência delas se prolonga. Essas exceções incluem dois grupos que nos fazem retroceder bastante: o canto sagrado dos judeus que, talvez, durante três mil anos, pouco mudou e, a ele relacionado, o canto do primitivo cristianismo do qual falaremos. Essas duas formas de música nos permitem relancear os olhos pela Antiguidade; mas é apenas uma única espécie de música que assim conhecemos, e ela mal nos permite tirar conclusões, quanto às demais, numerosas. É como se a ciência da música do ano 4000 pretendesse tirar conclusões quanto à música do nosso tempo, baseando-se nos cantos da Igreja Católica que ainda se praticam, ou na música sagrada dos indianos, para só darmos dois exemplos mais vagos do que característicos de uma época.

O segundo caminho para o conhecimento da música antiga é o escrito; mas, apesar de nos parecer natural e simples, está cheio de dificuldades e problemas. Em primeiro lugar, não é tão natural transcrever sons em caracteres como no caso da fala. Também não é tão fácil, por ser preciso exprimir com eles a altura, duração, força e expressão de um tom, de uma frase, de uma melodia. Veremos quão longo foi, através dos séculos, o caminho percorrido para chegarmos à perfeição das nossas notas. Não se trata apenas de dificuldades técnicas. Psicologicamente as outras são até mais interessantes; houve longas épocas em que os povos não *queriam* escrever a sua música. Incumbiram-se de conservá-la sacerdotes que a recebiam como revelação divina, e a executavam em honra à divindade, nos templos, considerando-a ciência oculta para o povo, e transmitindo-a oralmente ao filho ou sucessor.

Quando havia o desejo de anotar música, deparavam-se dois caminhos: símbolos semelhantes à escrita ou desenhos. Vamos ver rapidamente como se verifica isso na prática e quais as vantagens e desvantagens. Na representação semelhante à escrita *dó, mi, sol* podiam indicar uma melodia de três tons; mas não sabemos se a melodia sobe, se o *mi* está acima do *dó* ou se, talvez, o *mi* está abaixo, e igualmente obscuro é o caso do *sol*. Cremos que essa objeção tem resposta no uso de setazinhas indicadoras da direção. Nesse caso, a altura do tom estaria bem indicada mas não a sua duração e intensidade do som; além disso, essa representação não dispõe de nenhuma clareza. O caso da reprodução por meio de desenhos é justamente o contrário; aqui, uma linha que sobe uniformemente corresponde a uma melodia que também sobe, e assim por diante. O que esse método lucra em clareza perde em significação. Essa maneira de escrever, usada em algumas antigas culturas e da qual lentamente se originou a nossa escrita, nasceu, talvez, dos sinais feitos pela mão do regente do coro que, para guiar os seus cantores, traçava a linha da melodia no ar; em seguida, para dela lembrar-se, transcrevia-a num material qualquer, que não era ainda o papel. Provavelmente por isso é que tal espécie de escrita, cujos estranhos hieróglifos encontramos nas vizinhanças do Mediterrâneo, recebeu o nome grego de *neuma*, que significa gesto ou aceno[1].

[1] Estes sinais são uma espécie de estenografia musical; não significam determinados tons, mas grupos de tons em fórmulas fixas: vírgula, risco, círculo, linha sinuosa, etc.

Outra maneira, a mais perfeita, de conservar a música não cabe neste capítulo de música antiga, mas num dos últimos: trata-se do disco, da fita sonora, do filme falado, conquistas técnicas do século XX que impedem de uma vez que se perca qualquer música.

Mas agora, após tantos pontos de interrogação e dúvidas, examinemos os fatos certos da música da Antigüidade.

Quanto à China, já dissemos que ali viveu o primeiro teórico de música, Ling Lun, que sistematizou os cinco tons perfeitamente de acordo com as relações de vibração. Os nomes dados às notas, em correspondência com as classes sociais — *kong,* o imperador, *chang,* o ministro, *kyo,* o burguês, *tchi,* o funcionário e *yu*, o camponês, mostram o enraizamento da música na vida pública. Também nos ensinamentos do grande Confúcio desempenhava ela na educação e na moral papel predominante; para Confúcio era a música uma força geratriz de cultura; ocupava-se extraordinariamente com ela, colecionava antigas melodias e compunha novas. Diz-se que uma das antiqüíssimas melodias do Império do Meio, a Canção da Porta das Nuvens, tem a sua origem na figura mítica do Imperador Amarelo, que se supõe haver reinado cerca de 2.700 antes de Cristo.

Na Índia se nos deparam traços de velho interesse pela música; quanto ao seu valor, fala-nos um livro sagrado, o Sama-Veda. Conforme a lenda, foi o próprio deus Brama que doou ao povo a "vina" que, apesar de diversas alterações, até hoje continua sendo instrumento favorito. A música, para os indianos, é o mesmo que "a grande harmonia universal", e por isso tem a mesma importância que a religião.

Da ilha do Ceilão se origina o mais antigo instrumento de que temos notícia. Um rei lendário da ilha, Ravana, foi quem o inventou há cerca de 7.000 anos, chamando-o *"ravanastron"*. É o protótipo dos nossos instrumentos de cordas, tem duas cordas, e toca-se com um arco recurvo.

Das ricas culturas dos assírios, babilônios e persas conservamos esculturas que representam cenas musicais ou instrumentos (fig. 1). Uma cultura especialmente desenvolvida da música parece ter tido o império dos sumerianos, desaparecidos há muito tempo; nas ruínas da sua capital, Ur, há pouco trazida à luz, nas proximidades do Golfo da Pérsia, encontrou-se uma lira maravilhosamente lavrada, cuja idade foi avaliada em 5.000 anos.

Fig 1. Orquestra de corte de Assurbanipal, em Susa. Cena parcial, segundo um relevo assírio, por volta de 650 antes de Cristo.

Não há dúvida quanto ao extraordinário desenvolvimento musical dos egípcios; parece haver existido no Egito verdadeira vida musical conforme a compreendemos, com música religiosa e profana, canções de trabalho e melodias de danças. Nos túmulos, têm-se encontrado freqüentemente reproduções de instrumentos, por meio das quais sabemos que os egípcios já possuíam instrumentos de sopro, de percussão e de cordas (figs. 2, 3).

Fig 2. Tocadores egípcios de harpa, segundo um mural no túmulo de Ramsés IV, cerca de 1.150 anos antes de Cristo.

Fig 3. Tocadora egípcia de alaúde, com vestido de dança, segundo um mural em Tebas.

Conhecemos numerosos antigos instrumentos de percussão da Arábia, apesar de muito mais novos que o *"ravanastron"* e alguns instrumentos egípcios e chineses. O *"kemanche"* dos árabes (fig. 4) emprega um coco vazio como caixa de ressonância; também aqui o arco é um verdadeiro arco, quer dizer recurvo. Um pouco mais novo deve ser o *"rabab"*, que os mouros, em 711 da nossa era, levaram para a Espanha, onde tomou o nome de *"viela"*; e quem sabe se a nossa viola e os seus descendentes daí não derivam os seus nomes.

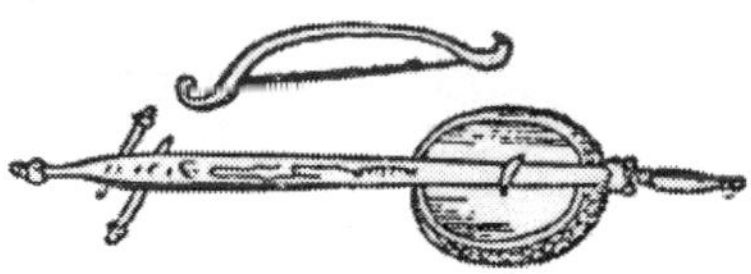

Fig 4. Kemanche, instrumento de corda dos beduínos.

Finalmente, mencionaremos ainda outro povo asiático onde a música floresceu, e que de certa maneira forma a transição entre a Antigüidade e a primitiva música cristã: os judeus. Esse povo, que mostrava pouca inclinação para a escultura e pintura e a quem era proibido representar a Deus por imagens, concentrou toda a força criadora na poesia e na música, que serviam por excelência à religião. Dois reis se tornaram símbolos desse povo amante de música: Davi (cerca de 1000-960), sempre reproduzido de harpa na mão, e o seu sucessor, Salomão, cujo conhecimento da arte era tão admirado em todo o Oriente a ponto de ilustres visitantes — como a rainha de Sabá — acorrerem de longe à sua corte, para conhecer-lhes as obras. A história dos judeus contém inúmeros acontecimentos em que a música desempenha relevante papel, desde o dos muros de Jericó que caíram ao toque de trombetas até o cuidado dispensado à música no grande templo de Jerusalém. Quando este, em 70, foi destruído e se iniciou a dispersão dos judeus pelo mundo inteiro, aumentou também a influência de muitos países através do espírito asiático; à música oriental se abriram novas portas pelas quais ela conseguiu penetrar, fertilizante, no Ocidente, como poderemos observar em Roma; ou se expandiu para o Norte, onde lhe encontramos os vestígios em numerosas regiões russas às quais chegou através de Bizâncio.

Não nos surpreendamos pelo fato de "Antigüidade" significar para nós quase a mesma coisa que "Ásia". O mundo antigo que conhecemos, e que consideramos precursor do nosso, era asiático. Isso, porém, não quer dizer que não houvesse em muitos pontos do mundo outras culturas, hoje desaparecidas e esquecidas, que conheceram a música e a estudaram. Surpreso ficou o autor deste livro diante da Porta do Sol, em Tiauanaco, no planalto boliviano, perto das margens do Lago Titicaca, sagrado para os índios, ao contemplar o último testemunho de uma cultura desaparecida há milhares de anos, uma cabeça de índio a tocar uma trombeta. E como provavelmente todos os desenhos da Porta do Sol representam símbolos religiosos, concluímos que também aí, como nas demais culturas altamente desenvolvidas, a música foi irmã da religião, e foi sabedoria, beleza, bondade e consolo.

HISTÓRIA UNIVERSAL DA MÚSICA
Kurt Pahlen
Formato: 16 x 23
386 páginas
Edições Melhoramentos
São Paulo
(Ver pág. 122)

O Nascimento da Ópera

KURT PAHLEN

Florença: de um erro nasce a mais popular forma de música

"A ópera é absurda!", declaram filósofos, pensadores e até músicos, que a desprezam desde o dia em que ela nasceu. A ópera é atacada desde que existe, afirma-se que está morta, é ridicularizada com todos os argumentos possíveis. "Como se pode suportar tamanha série de disparates? Desde quando se cantam as frases mais banais da vida de todos os dias? Por que entoam dois inimigos de morte, antes de se atacarem a espada, longos e esplêndidos duetos? Onde jamais se viu pessoa mortalmente ferida levantar-se outra vez, para emitir uma coloratura artística? Por que cantam os perseguidos pelo inimigo intermináveis cenas musicais, perdendo, com isso, a dianteira conquistada, e até permitindo que os perseguidores os localizem facilmente pela voz?" Eis aí algumas das objeções contra a ópera. Outras não se dirigem contra a sua lógica (peculiar, aliás) mas contra a sua estética. Tanto umas como outras malogram no intento. A "absurda" ópera vive, e vive melhor e mais enraizada, e com mais brilho e riqueza de sensações que as demais formas de música juntas. Não há cidade moderna que não disponha de um teatro a ela inteiramente dedicado, quase sempre o mais belo. Durante três séculos, os cantores de óperas foram os mais famosos artistas do mundo, os seus honorários fantásticos, e as suas lutas e intrigas verdadeiros romances. As melodias são, até hoje, as mais populares.

Ópera, feitiço sob forma de música, palavra mágica, harmonia de todas as artes, obra artística completa, festa dos olhos, dos ouvidos e da alma! Divertimento poético, dramático, musical. Campo de atividade de poetas, compositores, regentes, empresários, músicos, pintores, cenaristas, diretores, dançarinos... um exército, tendo atrás outro, invisível: alfaiates, sapateiros, cabeleireiros, maquinistas, eletricistas, pontos... Mas a apoteose cabe a um só: o cantor, que, para triunfar, necessita de três coisas apenas, como dizia Rossini, que muito bem sabia o que dizia: voz, voz... e voz!

Para podermos compreender o nascimento e crescimento da ópera, mais uma vez é preciso voltar à Florença do Renascimento. Já vimos como nessa cidade brotou o espírito que ansiava pela volta ao ideal artístico da velha Grécia. Portanto, não surpreende considerar um grupo de homens cultos seu dever despertar a tragédia grega, expressão máxima de arte do mundo antigo. Mas os cultos varões de Florença tiveram uma experiência semelhante à de Colombo que, em busca de um novo caminho para um velho alvo, a Índia, o que descobriu foi algo novo e de todo inesperado: a América. Os florentinos pretenderam reviver coisa antiga, o drama grego, e descobriram uma coisa inteiramente nova, a ópera... Comvém anotemos que a ópera é a única forma de música (e muito provavelmente a única forma artística em geral) que não percorreu longo caminho de desenvolvimento, pois que foi o fruto de tentativas teóricas, como se se tratasse de um homúnculo feito na retorta. A ópera, consciente da sua excepcional posição, saberá proceder de acordo.

Musicalmente falando, a ópera é o resultado das novas formas musicais de que falamos. É inconcebível sem melodia e harmonia. Espiritualmente, é a expressão da luxuosa vida burguesa e da alegria de viver, novamente nascida. É verdadeira filha da Itália e só poderemos compreendê-la se disso não nos esquecermos.

Do que dissemos se depreende que a ópera, como pessoa e não como forma artística, possui lugar e data de nascimento. O lugar são os palácios de Florença, sobretudo o magnífico Palazzo Pitti. A data é o ano de 1594, em que pela primeira vez se resumem os resultados dos estudos teóricos numa pequena "ação musical", só muito depois chamada ópera. O seu tema, como exigia a moda da época, era uma pastoral, e o título, "Dafne". Infelizmente, não se conservou a partitura. Três anos depois, apareceu interessante obra, mas não ópera ainda, "Lamfiparnasso", ou "comédia harmônica", em cujo prólogo o autor, Orazio Vecchi, coloca, à semelhança de uma pintura da Renascença, vários protagonistas no primeiro plano, e no segundo outros que descrevem o ambiente. Eis a idéia da ópera.

Aproxima-se o ano de 1600, justamente considerado ano de nascimento da ópera, uma vez que Florença assiste à primeira representação de "Eurídice" no Palazzo Pitti. É essa a mais antiga ópera conservada, e é obra do poeta Rinuccini e dos compositores Giacomo Peri (1561-1633) e Giulio Caccini (1550?-1618). O tema era naturalmente grego, a história do cantor mitológico Orfeu e de sua esposa Eurídice que, em seguida, comprovaria muitas e muitas vezes a sua fidelidade nos palcos de todos os tempos.

Mal passou a primeira infância da ópera, nasce um ilustre mestre que nos conduz, na segunda fase de sua pitoresca história, a Veneza, onde nos aguardam inúmeras surpresas.

Veneza: surge sua majestade, o público

Cláudio Monteverdi (1567-1643) é, desde 1613, organista da igreja de São Marcos, onde há mais de um século trabalham os maiores músicos. Monteverdi é um dos mais importantes. Brilhante autor de música de igreja, é, ao mesmo tempo, partidário entusiasta da nova ópera, na qual procura reconhecer a nobre descendência da tragédia grega. Começando com o "Orfeu" (1607) e até a "Incoronazione di Poppea" (1643) escreve uma série de grandes óperas, dotadas da mais profunda expressão, do mais elevado sentimento e de importantíssimos progressos no tocante à instrumentação, em cuja história figura entre os mais ilustres pioneiros. Nos seus trabalhos, muito há que nos lembra Wagner e Gluck, apesar de a forma das suas óperas diferir consideravelmente da nossa, sendo quase mais um meio-termo entre ópera e oratório, com alegorias, imagens, pouca ação, longos cantos recitativos, mas nenhum conjunto musical.

Como deu a ópera o passo decisivo que a transformou no que hoje entendemos por esse nome? Como se transformou — para usarmos uma imagem — a fina donzela dos palácios florentinos no "enfant terrible" que hoje conhecemos? Para continuarmos com a imagem, diremos que a donzela se viu obrigada a freqüentar a escola da aldeia. Infelizmente, não consegue enobrecer os companheiros; pelo contrário, ela é que aprende uma boa porção de novidades.

A escola de aldeia que a donzela deve freqüentar é, neste caso, o teatro. Mas, em vez de descrever esse desenvolvimento, prefiro explicar os fatos confusos e grotescos com a história do conteúdo de uma ópera moderna, a "Ariadne em Naxos", texto de Hugo von Hofmannsthal e música de Richard Straus:

No palácio de um rico burguês de Viena dois grupos de artistas aguardam o sinal para o início da representação, e estão incumbidos de distrair os convidados até a hora em que os fogos terminarão a festa. Um dos grupos se compõe de cantores que levarão ao batismo a ópera séria de um jovem compositor, chamada "Ariadne em Naxos", e escrita no estilo das primeiras óperas das quais acabamos de falar: nobre e repleta de profunda moral, mas bastante aborrecida para um público medíocre e sobretudo para uma festa de verão. O outro grupo, que espera representar, se compõe de dançarinos e folgazões, do tipo de que falamos, quando tratamos do teatro da Idade Média: colombina, arlequim e outras figuras da alegre e leve "Commédia dell'Arte". Por um motivo qualquer, atrasa-se o início da festa e o mordomo do ricaço, aparecendo, diz aos artistas que, por absoluta falta de tempo, será representada apenas a parte alegre da peça, e não a séria. Parecem destruídas as esperanças do jovem compositor de "Ariadne em Naxos", que pôs todo o seu coração nas longas árias queixosas da grega abandonada na ilha solitária. A primeira bailarina, vendo-o desolado e gostando dele (portanto, não há motivos artísticos), faz-lhe uma estranha proposta. Não resta muito tempo para refletir e, assim, realiza-se o grotesco: ambas as peças se fundem e enquanto Ariadne chora a sua solidão, os dançarinos, no palco, divertem o público...

Voltemos, agora, dessa encantadora ópera para a realidade do século XVII. Em 1637, data histórica, abriu-se em Veneza o primeiro teatro, San Cassiano; dois anos depois, o segundo, de San Giovanni e San Paolo; em 1641, o teatro San Mosè, e mais outros quinze, até o fim do século. Como se vê, os venezianos deram-lhes os nomes das igrejas vizinhas.

Nesses teatros se dá a grotesca aproximação descrita há pouco. Quando o empresário de teatro verifica que o estilo sério e solene das primeiras óperas não atrai de maneira nenhuma o novo público, o povo, recorre à inserção de intermezzos cômicos nos intervalos, o que agrada mais aos venezianos; mas então eles começam a aparecer no teatro pouco antes do intermezzo, e retiram-se logo depois de concluído este. Assim, os intermezzos devem ir ganhando significado cada vez maior, à custa da ópera. Um dia, finalmente, as duas partes, aparentemente tão diversas, se fundem num só trabalho. A ópera acaba de passar por uma grande transformação, e é agora de três espécies: a ópera séria (que também adquiriu mais elasticidade, tensão dramática e movimento) a ópera cômica ou bufa, e entre as duas a ópera semi-séria, mistura de trechos sérios e outros cômicos. São numerosas as obras-primas pertencentes a este grupo; mencionarei apenas dois exemplos típicos de dois séculos diferentes: "Don Giovanni" de Mozart e "Turandot" de Puccini.

Pela primeira vez aparece neste capítulo a palavra "público", tão natural para nós, e tão nova e revolucionária na arte do século XVII. Anteriormente, a música jamais saíra de círculos estritamente particulares ou de membros da mesma classe social: o cavaleiro no seu castelo, o monge e os crentes na igreja, o trovador nas suas escolas, os aristocratas nos seus palácios, o povo nas suas reuniões dançantes. Mas agora a mudança é enorme, e há uma música só para todos, influenciada tanto pela canção aristocrática como pela dança popular.

A instituição do "ingresso", pedacinho de papel que, por dinheiro, qualquer pessoa pode obter, tem conseqüências inimagináveis. Em primeiro lugar, tal "democratização" simplifica a música, para torná-la compreensiva a todos, e torna os textos mais populares. O diretor de teatro, que muitos julgavam ser homem invejável, geme agora sob o peso de dupla escravidão, a do público que também tiraniza autores e compositores (sério conflito que em parte encontra solução quando o Estado, a cidade ou um verdadeiro mecenas arcam com a responsabilidade de manutenção do teatro); e em segundo lugar, tanto ele como o autor do texto dependem do cantor, da única força capaz de dominar a imponderável, inconstante e perigosa massa humana chamada público.

Começa, dessarte, o terceiro período da vida da ópera, que nos conduz à cidade do canto, Nápoles.

Nápoles: o triunfo do "bel canto"

É evidente que uma forma de arte cuja história inicial é tão confusa (só pudemos, aqui, narrar pequeníssima parte), inclui um sem-número de problemas. Quem predomina nela, o texto ou a música? A expressão dramática ou a melodia do canto? Foi sempre esse o conflito essencial, e cada época o resolveu de acordo com as suas próprias idéias estéticas, cada país de acordo com o caráter do seu público. Os florentinos partiram do drama, isto é, da palavra. Mas já nesta terceira fase, da qual falaremos agora, e que dista apenas alguns anos da primeira, chegamos ao outro extremo, a completa vitória da melodia cantada, o que corresponde totalmente ao caráter do povo de Nápoles, onde todos, burgueses e artesãos, pescadores e comerciantes, são dotados de excelentes vozes. Ali se verifica o triunfo do "bel canto", da melodia doce, macia, embriagadora, diante da qual passam para o segundo plano o sentido, o texto, a lógica e a ação dramática. Em Nápoles, a ópera dá os passos decisivos para o que o mundo chama hoje de "ópera italiana". Criou-a o temperamento alegre e sensual do habitante de uma região do Sul, que se entusiasmou de maneira nunca vista...

As nossas modernas metrópoles possuem, às vezes, dois, e excepcionalmente três teatros de ópera funcionando simultaneamente. Em Veneza e Nápoles (além de outras cidades italianas) funcionavam, pelo fim do século XVIII, todas as noites, até oito teatros! Assim, é fácil de compreender que o nível artístico desceu, em conseqüência da enorme procura, a um ponto sem precedentes. Não sabemos, ao certo, o número de óperas existentes; numa estatística que apenas contém os dramas musicais representados (incluindo-se todos os tipos) contei, há pouco... 42.000. Quantas não haverá que nunca viram as luzes de um palco?

Para satisfazer a grande procura de obras musicais, que o povo apaixonado pelas óperas exigia, serviam todos os meios. Muitas vezes, com várias óperas — uma ária de amor aqui, um dueto de vingança ali, um grande coro acolá — se compunha outra que recebia um texto diferente. Libretistas e compositores, forçados pelos seus contratos que exigiam certo número de trabalhos por ano, não tinham mãos a medir, em prejuízo da fantasia e da inspiração. Talvez sirva uma comparação com o cinema moderno, caso em que a enorme procura e o interesse comercial também conspiram contra o nível artístico. Apesar disso — tanto num caso como no outro — seria injusto não assinalar, no oceano de trabalhos medíocres, as verdadeiras obras-primas.

No começo da história da ópera, viveu um grupo de ilustres compositores. Havia em Veneza, além do grande Monteverdi, Francesco Cavalli (1601-1676), e Marco Antonio Cesti (1623-1669), cujo majestoso "Pomo d'Oro" foi a primeira "Grande Ópera". Entre os napolitanos citaremos Alessandro Scarlatti (1659-1725), chefe da escola, Alessandro Stradella (1645?-1682), verdadeira figura de romance como cantor, músico e aventureiro, vitimado finalmente por um punhal vingativo. (Uma ópera de Flotow e outras o dão como herói); e finalmente o mais genial, Giovanni Battista Pergolesi (1710-1736) que morreu na flor da mocidade. A sua "Serva Padrona" é um brilhante exemplo de ópera cômica, admirado por Verdi e Puccini (sem falar da sua "Stabat Mater" e outras belas obras).

Resta-nos dedicar algumas palavras ao público da ópera, cujo comportamento no teatro era inconcebível para os costumes de hoje. Ai do cantor que não encontrasse misericórdia diante dos seus olhos, ou melhor, dos seus ouvidos! Os fruteiros, que perambulavam pela sala de espetáculo com os seus cestos, faziam então excelentes negócios... Aquela maneira drástica de exprimir desaprovação subsistiu até há pouco tempo. Feliz, porém, do artista que soubesse atrair o público, cujo entusiasmo era tão exagerado como a sua desaprovação! Cada melodia bem cantada, e até cada nota alta particularmente bem emitida era acolhida com estrondoso júbilo. O cantor tornava-se ídolo das massas que pela primeira vez viam um teatro artístico desde o desaparecimento do drama grego, e o entusiasmo comunicava-se da galeria, embora mais moderado, às classes mais elevadas que enchiam a platéia. A platéia era fundamentalmente diversa da nossa: vazia, não tinha poltronas. Quem quisesse assistir comodamente ao espetáculo, era obrigado a munir-se de assento. Via-se de tudo, cadeiras, poltronas e até sofás e mesas que as damas mandavam ao teatro pelos lacaios. Jogavam-se cartas e dados, ou liam-se os *libretos* das óperas, à luz das velas. Alguns museus ainda hoje possuem exemplares amarelados de antigos *libretos* nos quais se notam manchas de pingos de estearina...

Antes do início da representação, todos conversavam em voz alta, ou passeavam pela sala como se estivessem em plena rua. Conhecidos políticos exprimiam as suas opiniões a círculos de curiosos, cortesãs eram homenageadas pelos adoradores, todos os fatos do dia, modas e preços de artigos formavam o inesgotável tema de conversação. O próprio início da representação não conseguiu, às vezes, por cobro àquela algaravia; somente o aparecimento de um cantor predileto ou o começo de uma melodia bastante popularizada transformava o mar de espectadores turbulentos em massa obedientemente atenta, até irromper o aplauso ensurdecedor, como avalanche a ameaçar pôr por terra o teatro.

A esse público indisciplinado é que devemos o nascimento de uma importante forma musical: a *ouverture*. A princípio não passa de um fortíssimo toque de clarim que anunciava à multidão tagarela o início do espetáculo. Em breve, começouse a fazer um prelúdio das melodias mais populares da peça; o público cantava-as, entusiasmado. Ainda hoje conhecemos algo semelhante na *opereta*, que também costuma, na *ouverture* e nos entreatros, resumir as principais melodias.

A ópera conseguiu atrair a atenção de todas as camadas sociais; a sua influência não se limitou ao teatro, e ela invadiu a vida de todos os dias. Mencionaremos daqui a pouco a história de uma revolução que eclodiu após a representação de uma ópera; dizem-nos as crônicas que um rebelde, condenado à pena capital, foi perdoado por ser compositor popular de óperas; veremos irromper lutas de rua entre partidários de várias tendências... Reis, príncipes, cardeais, aristocratas e burgueses eram protetores, compositores, libretistas, empresários, críticos, amadores ou simplesmente público. Somente os cantores formavam uma classe à parte, e que classe!

Nápoles tornou-se a cidade dos mais famosos cantores do mundo, a pátria do canto de ópera, como Cremona é a do violino, Viena a da valsa e a Argentina a do tango. Em Nápoles, vê-se contra o azul eterno do golfo, como o mausoléu de um verdadeiro rei, o mausoléu de Caruso. Lá repousa ele, num sarcófago de cristal, lá repousa o grande cantor embalsamado, em traje de gala, sempre substituído, ao cabo de alguns anos, por outro novo... símbolo do "bel canto", da arte lírica e da ópera triunfante.

A conquista do mundo

Mal se firmou o domínio da ópera na Itália, iniciou-se a conquista do mundo. Não são apenas os melodramas que inundam a Europa inteira e a América; acompanham-nos regentes e cantores, formando, em volta dos teatros de todas as cidades, desde a França até a Rússia, desde a Escandinávia até os Balcãs, pequenas ilhas de língua italiana, cuja influência na sociedade e no público em breve deixa de ser proporcional ao seu significado numérico.

Os músicos italianos são recebidos com todas as honras nas cortes, e conquistam posição de domínio na vida musical de todos os países europeus. Por mais de século e meio não dominam somente a música de teatro senão também a dos palácios e freqüentemente até a das igrejas, expulsando um Beethoven, sem falarmos de Bach e Mozart...

Esse domínio da ópera italiana provoca naturalmente uma reação de defesa em muitos países, que desejam combater o monstro chamado ópera, o qual a tudo ameaça devorar; em parte, todavia, já se acham eles próprios dominados por essa febre e o que almejam é apenas substituir a vitoriosa ópera italiana por outras nacionais, francesas, alemãs, inglesas.

Muito cedo começa a história da ópera alemã; já em 1627, um excelente músico, Heinrich Schütz (1585-1672), escreve uma "Dafne" para o *libreto* de Rinuccini, traduzido do italiano. Também dessa época, devemos mencionar a ópera alemã "Seelewig", de Sigmund Staden (1607-1655). Brotam depois cada vez mais numerosos os teatros de ópera. (A Alemanha, antes da Segunda Guerra Mundial, era o país que possuía o maior número de teatros de ópera no mundo.) Mas imediatamente se enfrentam duas tendências: enquanto o Sul (católico) segue a escola puramente italiana e especialmente em Viena a ópera italiana constituiu verdadeira fortaleza, insiste o Norte (protestante) na sua peça nacional, alemã no espírito e na língua. Hamburgo torna-se o centro, e Reinhard Keiser (1674-1739) o mais ilustre compositor. Na corte prussiana é o próprio Frederico, o Grande, que estimula a música e oferece uma pátria à ópera nacional; ele próprio escreve diversos *libretos,* como por exemplo o de "Montezuma", sobre a conquista da América, que foi musicado pelo compositor da corte Karl Heinrich Graun (1704?-1759).

O destino da ópera alemã foi repleto de vicissitudes; em certas épocas desaparecia completamente perante a tendência italiana vitoriosa. Finalmente, com Weber e mais ainda com Wagner, inverteram-se os papéis, e a ópera alemã tornou-se séria ameaça à ópera do "bel canto". Como notável pormenor, desejo mencionar que três compositores de língua alemã representam, nos seus trabalhos, a arte de outros países: são eles Händel na Inglaterra, Gluck na França e Mozart — parcialmente — na Itália.

Na França, o italiano Lully (1632-1687) foi o fundador de uma escola nacional que, desde o início, se distinguiu pelo *ballet*. Tal era a pompa das peças de corte que chegaram a exceder o luxo das óperas italianas. Mais tarde, Jean-Philippe Rameau (1683-1764) tornou-se a figura mais importante da ópera francesa; a sua fama foi extraordinária em todas as artes e ciências musicais. Durante os derradeiros anos de sua vida, desenrolou-se a grotesca luta que se iniciou nos teatros e continuou nas ruas e nos salões. Em 1752, uma companhia italiana recebeu permissão para representar em Paris e logrou, sobretudo com a "Serva Padrona", enorme êxito, o que pôs mal-humorados os nacionalistas. Imediatamente, dividiu-se a cidade em dois campos inimigos: os "bufonistas", partidários da ópera cômica italiana, e os "antibufonistas", que defendiam a jovem ópera francesa. Após dois anos de violenta luta, os italianos viram-se forçados a abandonar Paris; mas a sua influência permaneceu por muito tempo. Encontrá-la-emos de novo na luta que se feriu em torno de Gluck, e vê-la-emos também enraizada em algumas criações francesas, como a "Opera comique".

Na Inglaterra, antes do início de quase dois séculos estéreis em música, depara-se-nos um gênio, Henry Purcell (1658-1695), que deve ser considerado o mais ilustre dos compositores ingleses. Entre as suas 54 obras, vemos algumas baseadas em textos de Shakespeare, como "Ricardo II", e "Sonho de uma Noite de Verão". O seu trabalho melhor — Purcell morreu muito jovem — é "Dido e Enéias" que representa adaptação do estilo nobre das primeiras óperas italianas ao estilo desenvolvidíssimo do teatro inglês. O sucessor de Purcell foi Händel, alemão pertencente à escola italiana, cuja luta, no tocante à ópera nacional inglesa, veremos logo mais. Mas já aqui mencionaremos um trabalho curioso representado em Londres, em 1728. (Talvez não seja desinteressante saber que foi representado em 1750 em Nova York.) Tratava-se de uma paródia múltipla; sob o pretexto de atacar os exageros e absurdos da ópera italiana, escondia-se violenta sátira social contra a época. O êxito obtido com essa "ópera de mendigo" foi tal que Händel se viu obrigado a fechar o seu teatro, não podendo enfrentar a concorrência daquela música popular, à moda de baladas, e às vezes bastante belicosa que, sem piedade, parodiava as suas melodias e se ria do seu público. O estranho trabalho foi em 1928 — exatamente dois séculos depois do seu nascimento — modernizado por dois autores alemães, Bert Brecht e Kurt Weill os quais, com a sua "Dreigroschenoper" (Ópera de três tostões) quase ultrapassaram o êxito da velha "ópera de mendigo". Uma versão nova da mesma peça foi dada por um inglês contemporâneo, Benjamin Britten, em 1949. O autor daquela época chamava-se John Gay (1685-1732) e o diretor do teatro, Rich. Daí o trocadilho correntíssimo em Londres, naqueles dias: "Gay became rich and Rich became gay"[1].

[1] "O Senhor Alegre tornou-se rico, e o Senhor Rico tornou-se alegre".

Antes de encerrarmos o primeiro capítulo da ópera, mencionaremos um homem indissoluvelmente ligado à ópera barroca. Não se trata de músico, e sim de poeta, autor de libretos, Pietro Metastásio (1698-1782). No decorrer de outras páginas que dedicaremos à ópera, teremos sempre de voltar a dizer que essa forma de arte quase nunca foi obra de um só homem, mas fruto de um acordo artístico de duas criaturas: o libretista e o compositor. Em geral, é quase sempre o libretista que indica o caminho, guiando o músico com o seu estilo, a sua língua, e o caráter mais lírico ou dramático da peça. Não nos esqueçamos também de que tanto na ópera como na canção artística, o que primeiro existiu foi sempre o texto.

Pietro Metastásio imprimiu o seu cunho a duas gerações de criadores de ópera. Romano de nascimento, já com dez anos era excelente improvisador, segundo o gosto da época. Mudou o seu nome de Trapassi para o de Metastásio; quanto ao seu título de abade, como o de muitos contemporâneos seus, não passava com certeza de simples formalidades. Em 1724, saiu a lume o seu primeiro libreto de ópera, "Didone abbandonata", com música de L. Vinci. Passando de êxito a êxito, não tardou Carlos

VI em chamá-lo à corte de Viena, como poeta. Ali escreveu ele mais de 50 libretos de ópera, além de cantatas, oratórios e outros trabalhos musicados por ilustres compositores da época, tanto que alguns dos seus libretos foram musicados mais de dez vezes. Hasse, tão famoso na época, gabava-se de haver musicado todos os 50 libretos de Metastásio. Mencionemos, ainda, Pergolesi ("Olimpiade"), Gluck ("L'Innocenza Giustificata"), Haydn ("L'Isola Disabitata"), Mozart ("La Betulia Liberata", "Il Re Pastore", "La Clemenza di Tito") e lembremos que o próprio Rossini, já representante de uma época de todo diferente, recorre a Metastásio na sua "Semiramide". Os livros de Metastásio foram a expressão mais pura da arte barroca; as suas figuras não eram homens, eram mais tipos, abstrações de uma idéia; os seus versos, bases esplêndidas para as melodias da época. Foi uma arte monumental que só conseguiram destruir o Século da Ilustração e a Revolução Francesa; o seu lugar é importantíssimo nos primórdios da ópera. Hoje, Metastásio está esquecido e os seus trabalhos já não vivem. Apenas uma ruela no coração de Viena e uma placa comemorativa, na casa em que sempre residiu, nos dizem da sua influência por meio século na magnífica cidade imperial.

Logo nos será mister, porém, falar num longo capítulo de um músico que, naquela época, pobre e desconhecido, foi descoberto pelo famoso Metastásio e por ele materialmente auxiliado: Joseph Haydn.

Os Instrumentos da Orquestra Moderna

A. Instrumentos de sopro:
a) de madeira, b) de metal.

B. Instrumentos de percussão.

C. Instrumentos de teclado e harpa.

D. Instrumentos de cordas.

Os números da lista que se segue correspondem aos números colocados perto dos instrumentos na prancha 78.

GRUPO A
(Instrumentos de sopro).

a) de madeira:

1. *Flauta*

2. *Flautim* (ou "Piccolo flauto"). Pela maneira de tocar, igual à flauta; mas possui sons mais penetrantes e uma oitava mais altos.

3. *Oboé.* Diferente da flauta e de outros instrumentos de sopro, sobretudo pelo uso de uma palheta dupla.

4. *Corne inglês.* Variedade de oboé que só aparece excepcionalmente em orquestras sinfônicas, quase sempre em solo característico, como por exemplo na parte lenta da sinfonia "Do Novo Mundo" de Dvorák, no "Cisne de Tuonela" de Sibelius e no terceiro ato (melodia pastoral) de "Tristão e Isolda" de Wagner. O corne inglês figura entre os "instrumentos transpositores", ou seja, aqueles cujo verdadeiro tom difere da escrita que lhes é reservada; no caso do corne inglês essa diferença é de uma quinta para baixo. Por exemplo, para conseguir um dó deve o compositor anotar sol.

5. *Clarinete.* Instrumento transpositor, existente em várias afinações. Na orquestra sinfônica, os clarinetes mais freqüentes são os em lá e si; também aparecem, no entanto, os em dó, ré, mi bemol. O clarinete em lá deve, segundo a explicação supra, ser lido uma pequena terça abaixo, e o clarinete em si um semitom abaixo do indicado, etc.

6. *Clarinete-baixo.* Usado apenas em orquestras bem grandes, e em trabalhos modernos. O seu tom está uma oitava abaixo do do clarinete.

7. *Saxofone-soprano.*

8. *Saxofone-alto.*

9. *Saxofone-tenor.*

10. *Saxofone-baixo.*

Os saxofones, inventados em 1858 pelo belga Adolphe Sax e entusiasticamente acolhidos por Berlioz, não conseguiram firmar-se na orquestra sinfônica. Aparecem apenas excepcionalmente, e em geral como instrumentos solistas. Foram, porém, introduzidos nas bandas militares de vários países e, antes de tudo, são o instrumento principal do jazz. O seu manejo é semelhante ao do clarinete, é são também instrumentos transpositores, quase sempre em mi bemol e si.

11. *Fagote.* Semelhante na técnica de soprar ao oboé, possui grande força expressiva nos tons mais baixos, enquanto os tons mais altos podem exercer um efeito caricato; assim, Wagner usou-o nos "Mestres Cantores de Nüremberg", e Dukas no "Aprendiz de Feiticeiro".

12. *Contrafagote.* Aparece

em grandes orquestras e em trabalhos mais modernos. O seu tom é uma oitava abaixo do do fagote.

b) de metal:

13. *Trompa.* Instrumento transpositor, de belíssimo som, um dos mais importantes da orquestra sinfônica.

14. *Trompa* de formato mais antigo, na qual ainda era impossível a execução cromática

15. *Trompete.*

16. *Corneta de pistões,* espécie de trompete, hoje desusada na orquestra.

17. *Trombone.* Geralmente de três espécies: contralto, tenor e baixo.

18. *Tuba de Wagner.* Variedade de trompa, idealizada por Wagner e que, quase exclusivamente, aparece nas suas obras ou nas de compositores da sua tendência (Bruckner, por exemplo). De som nobre e suave.

19. *Tuba contrabaixo.* O maior instrumento de sopro, e o de tom mais profundo.

Grupo B (Instrumentos de percussão).

20. *Timbales.* Sempre usados em número de dois (às vezes, três). Diferentemente da maioria dos outros instrumentos de percussão, os timbales podem ser submetidos a afinações diversas e exatas, e modificadas durante a execução.

21. *Bombo.*

22. *Tambor militar.* Só excepcionalmente usado na orquestra sinfônica.

23. *Tamborete.* Mais freqüente em música de dança ou operetas.

24. *Gongo.*

25. *Triângulo.*

26. *Pratos.*

27. *Castanholas.*

28. *Tamborim,* ou pandeiro

(24, 25, 26, 27 e 28: instrumentos para a produção de efeitos especiais, sem altura definida de tom.)

29. *Xilofone.* Pode ser de varetas de madeira ou de metal, afinadas.

Grupo C (Instrumentos de teclado e harpa).

30. *Harpa.*

31. *Celesta* (ou piano de aço), semelhante ao xilofone, mas com teclado. Obtém belos efeitos na orquestra sinfônica (por exemplo no "Cavaleiro das Rosas" de R. Strauss, segundo ato). A este grupo pertence também o piano, só excepcionalmente usado na orquestra sin-

fônica, mas de uso freqüente, como solista, em união com a orquestra. O órgão, também raro como instrumento componente da orquestra, e intermediário entre este grupo é o dos instrumentos de sopro.

Grupo D
(Instrumentos de corda).

32. *Violino.* Constitui o grupo mais numeroso na orquestra sinfônica. Durante a época clássica foi o principal responsável pelas melodias.

33. *Viola.* Instrumento pouco maior que o violino, e de tom um pouco mais profundo (uma quinta).

34. *Violoncelo.*

35. *Contrabaixo.*

Nota: A antiga designação "Instrumentos de sopro, de madeira" e "Instrumentos de sopro, de metal", ainda se conserva, apesar de não ter sentido na orquestra moderna, uma vez que hoje quase todos os instrumentos de sopro são de metal.

Evolução da orquestra sinfônica

Cidade e ano	*Violinos*	*Viola*	*Violoncelos*	*Flautas*	*Contrabaixos*	*Oboés*	*Clarinetes*	*Fagotes*	*Trompas*	*Trombones*	*Trompetes*	*Timbales (pares)*	*Total*
Leipzig, 1730 (orquestra de Bach)	5	2	2	–	–	2	–	2	–	3	–	1	17
Mannheim, 1756	20	4	4	4	2	2	2	2	4	1	–	1	46
Milão, 1770 (Estréia de uma ópera de Mozart)	28	6	2	6	2	2	2	2	4	2	–	1	57
Esterhazy, 1783 (Orquestra de Haydn)	11	?	?	2		2	–	2	2	–	–	1	24
Ópera de Paris, 1788	28	6	12	5	2	4	2	4	?	?	?	1	64
Viena, 1844	20	10	6	4	2	2	2	2	4	2	3	1	58
Bayeruth, 1880 (Orquestra de Wagner)	32	12	12	8	4	4	4	4	8	4	6	2	100
Orquestra Moderna [2]	32	12	10	8	4	4	4	4	8	6	3	2	97

[2] A orquestra moderna contém, além dos instrumentos indicados, mais estes outros, geralmente: corne inglês, clarinete baixo, saxofone, contrafagote, contrabaixo, celesta, harpa, piano e muitos outros de percussão, de maneira que o número de músicos varia de 100 a 200.

Os algarismos aqui apresentados (oriundos em parte de trabalhos de Haas e Gassner) representam valores médios, com exceção do número referente a Milão, no caso de noitada especial.

Em certas ocasiões, já nos séculos XVIII e XIX, foram mobilizadas grandes massas sonoras, como ocorreu no concerto pelo vigésimo quinto aniversário da morte de Händel, em Londres; a "Criação" de Haydn foi executada em 5 e 9 de novembro de 1843 por 118 violinos, 40 violas, 41 violoncelos, 25 contrabaixos, 13 flautas, 12 oboés, 12 clarinetes, 12 fagotes, 4 contrafagotes (!), 12 trompas, 8 trompetes, 9 tambores, 4 timbales. Havia no coro 660 cantores. Em 1844, Berlioz reuniu um conjunto de 1.000 executantes; a mesma massa foi dirigida por Mahler em Munique por ocasião da estréia da sua Oitava Sinfonia, em 1908. Mencionemos também o concerto monstro, que Johann Strauss dirigiu em Boston, no Dia da Independência. Quase 20.000 cantores foram acompanhados por 10.000 músicos. Foram necessários cem sub-regentes para transmitir o tempo do regente a tão enorme cópia de executantes.

ROCK — O GRITO E O MITO
Roberto Muggiati
Formato: 14 x 21
124 páginas
Editora Vozes
Petrópolis
1973
(Ver pág. 122)

O Grito e o Mito

ROBERTO MUGGIATI

"What's physical?!" and he stutters, smiles and retaliates with... well... er, ah... what's music m'love? PUFF PUFF".

Jimi Hendrix — Notas de capa do LP Electric Ladyland.

Nietzsche, Lévi-Strauss, Jimi Hendrix — três culturas diferentes, três épocas, e no entanto três visões convergentes sobre a música. Escreve Nietzsche em 1871, quando o trovão de Wagner sacode a Europa: "O simbolismo cósmico da música resiste a qualquer tratamento adequado através da palavra, pela simples razão de que a música, referindo-se à contradição e ao sofrimento primordiais, simboliza uma esfera que ao mesmo tempo é anterior à aparência e se situa além dela". Claude Lévi-Strauss, em 1964: "Pensar mitologicamente é pensar musicalmente. De todas as linguagens, só a música une os atributos contrários de ser ao mesmo tempo inteligível e intraduzível". E Jimi Hendrix, em 1969: "A música em si é uma coisa espiritual. Não se pode cortar uma fatia de uma onda perfeita do mar e levá-la para casa. A música está em movimento o tempo todo. É a maior coisa eletrificando a Terra".

Como música, o rock só pode ser encarado nessa perspectiva de mito — ou seja, só admite tradução na linguagem da própria música, embora várias tentativas tenham sido feitas para "explicar cientificamente" o fenômeno musical. Nisso, a ciência tem operado segundo um esquema convencional: dissecando as partes componentes do todo. Mas através de que mecanismo a música se estrutura na percepção humana como sistema de relações sonoras? O pesquisador Peter Nathan tenta descrever o processo em *The Nervous System:* "Quando ouvimos música, provavelmente algo assim acontece: a massa entrante selecionada de som passa das áreas receptoras auditivas primárias para as suas áreas parassensoriais, adquirindo sentido musical na área parassensorial direita ou na região vizinha. Os impulsos nervosos também são enviados para uma parte do lóbulo temporal esquerdo, setor essencial para a elaboração de conceitos e para o pensamento; sem isso, talvez a música fosse apenas uma massa de sons, desprovida de forma e de significado musical. Os impulsos nervosos também são enviados para aquelas partes dos lóbulos temporais em que são experimentadas as emoções. Pois música que não desperta emoção seria apenas som sem sentido. Não se sabe ao certo onde se concretizam os aspectos intelectuais da audição musical; talvez seja também nos lóbulos temporais". Em *The Influence of Music on Behaviour,* C. M. Diserens afirma: "A música atua sobre o corpo humano da seguinte maneira: 1) Aumenta o metabolismo; 2) aumenta ou diminui a energia muscular; 3) acelera a respiração e diminui sua regularidade; 4) produz um efeito marcado mas variável no volume de sangue, pulso e pressão sangüínea; 5) diminui a abertura para estímulos sensoriais de modos diferentes". Por sua vez, Terence McLaughlin, em *Music and Communication,* chega a estas conclusões: "1) A música é feita de *patterns* de tensões e resoluções; 2) esses *patterns* correspondem àquelas atividades do cérebro causadas por ocorrências corporais e mentais; 3) os *patterns* correspondem a várias e diferentes atividades mentais e corporais, de maneira que o ouvinte toma simultaneamente consciência de todas estas atividades numa síntese ou fusão. Essa síntese constitui a experiência estética".

Se o fenômeno da percepção dos sons se presta a uma descrição (embora nunca se preste a uma *explicação*), que dizer da experiência estética da música, em si? Segundo o psicólogo M. H. Ward, "a música nada mais é do que um *pattern* de freqüência sonora, combinado com um *pattern* rítmico. Esses *patterns* de ritmo-intensidade exercem um efeito profundo sobre nós, indicativo de que o compositor que escolheu colocá-los no papel exprimiu uma emoção 'alegre', 'atormentada' ou 'graciosa' na ocasião em que as concebeu, e isso obviamente se deve a alguma associação entre esses *patterns* e a mente humana. A resposta será encontrada no fato de que o organismo também passa por uma série de *patterns* de ritmo—intensidade à medida que viaja através da gama emocional de sua existência".

Ainda no campo da percepção sonora, um dos principais temas de discussão é o índice de decibéis do rock. Sabe-se que quando um barulho súbito atinge o ouvido humano o coração bate mais rapidamente, os vasos sangüíneos se constringem, as pupilas dilatam, o estômago, esôfago e intestinos são tomados de espasmos. Mas a música de rock, embora exerça modificações sobre o organismo muitas delas de origem psíquica — não é um barulho súbito. Milhares de pessoas viram pela TV americana uma experiência em que plantas cresciam ao som do grupo Led Zeppelin. Usando fotografia com lapsos de tempo, a TV mostrava que as plantas procuravam se afastar da fonte sonora. Através dessa ingênua porém maquiavélica analogia, o documentário da TV pretendia provar que a música do Led Zeppelin não só era nociva às plantas, mas também ao organismo humano. No nível subliminar, uma música que "fazia mal" às plantas em crescimento deveria por extensão afetar igualmente a juventude. Outro argumento usado contra o rock foi ter o líder dos Beach Boys, Brian Wilson, ficado surdo de um ouvido. Mas também nesse caso não ficou provada a relação de causa-e-efeito entre rock e surdez, e talvez ela nem chegasse a existir. Entre milhares de músicos de rock, não era de todo improvável que um pelo menos sofresse de problemas auditivos, independentemente da música. O rock pesadamente amplificado, o *heavy-rock,* foi um subproduto do *acid-rock.* Como música resultante da "cultura das drogas", destinada a um público adolescente e pouco crítico, tentava de certa forma provocar no ouvinte uma "intoxicação sonora". Ao contrário das elaborações do *studio-rock,* a tendência dos álbuns de *heavy-rock* era recapturar nas gravações o som vivo dos concertos pesadamente amplificados. Por isso, os ouvintes de San Francisco obtinham essa atmosfera de concerto ouvindo suas vitrolas nos volumes mais altos. Já os ouvintes de outras cidades, pouco familiarizados com o rock de

San Francisco, não faziam tal ajustamento e perdiam assim o essencial desta música. Foi esse um dos principais motivos por que o *acid-rock* custou a conquistar um público fora da Califórnia. O problema central do *heavy-rock* é que nem toda música *pop* precisa ser maciçamente amplificada ou amplificada de todo. Aumentar a intensidade do som não torna a música mais alta, apenas a *distorce*. É muito mais uma questão tonal do que de intensidade e, entre o som e o barulho, o rock preferiu ficar com o som. O seu aspecto mais "violento" era, na verdade, apenas uma lembrança dos tempos heróicos do *rock'n' roll* — a adolescência do rock. Na perspectiva da década de 1950, era compreensível que os jovens usassem música ruidosa como forma de agressão (e defesa) contra os adultos.

Na transição de Elvis para os Beatles, o rock não perdeu apenas seus decibéis — perdeu também o sentido original de dança. Uma frase de Salvador Dali, em 1956, define o que, de um modo geral, se pensa da música *pop:* "Amo o rock'n'roll como amo tudo que é dionisíaco, violento e afrodisíaco". A simplificação de Dali reconduz ao velho debate em torno da dualidade que Nietzsche analisou em *O Nascimento da Tragédia a Partir do Espírito da Música:* "A arte deve sua evolução contínua à dualidade apolíneo-dionisíaca, assim como a propagação da espécie depende da dualidade dos sexos". Para Nietzsche, Apolo é o domínio do sonho, Dionísio o da intoxicação. E a fusão dos dois domínios, através da música, conduziu ao apogeu da tragédia grega. "Qual foi o poder que resgatou Prometeu de suas águias e transformou o mito num veículo de sabedoria dionisíaca? Foi o poder heracleano da música, que alcançou sua forma mais elevada na tragédia e deu ao mito um significado novo e profundo. Esta é a poderosa prerrogativa da música".

Mais recentemente, Marcuse, em *Eros e Civilização*, também analisa a dualidade Apolo-Dionísio, agora presente no conflito entre o Princípio de Realidade e o Princípio de Prazer: "Orfeu e Narciso (como Dionísio, com quem são aparentados: o antagonista do deus que sanciona a lógica de dominação, o reino da razão) simbolizam uma realidade muito diferente. Não se converteram em heróis culturais do mundo ocidental, a imagem deles é a da alegria e da plena fruição; a voz que não comanda, mas canta; o gesto que oferece e recebe; o ato que é paz e termina 'com os labores de conquista; a libertação do tempo que une o homem com Deus, o homem com a natureza".

Dionísio está no grito que o africano trouxe para a América. Apolo é a tradição musical européia que o negro encontrou na sua nova terra. Da fusão do grito africano com a tradição européia nasceu este equivalente moderno da tragédia grega: *o blues*. E esse *pathos* dionisíaco/apolíneo prossegue existindo no rock, extensão natural do *blues*. Escreveu ainda Nietzsche: "Não só a ligação entre os homens vem a ser forjada uma vez mais pela mágica do rito dionisíaco, como também a própria natureza, há muito alienada ou subjugada, ressurge para celebrar a reconciliação com o seu filho pródigo, o homem". Usando outras palavras, Eldridge Cleaver define o efeito do rock'n'roll sobre a cultura americana: "Foi um míssil teleguiado lançado do gueto em cheio no coração da Subúrbia. Deu aos brancos a possibilidade de clamar de volta seus corpos, depois de gerações de existência alienada e incorpórea". A dança dionisíaca do rock'n'roll se apossou dos corpos da juventude da classe média branca americana. E embora a canção de protesto de Dylan e o rock dos Beatles já não fossem mais essencialmente música de dança, a força dionisíaca persiste. Segundo Cleaver, os Beatles "ignoravam o corpo no plano visual (enquanto sua música, pelo contrário, estava cheia de corpo). Para os fãs dos Beatles alienados de seus corpos por tanto tempo e tão profundamente, o efeito desses ritmos eróticos potentes é elétrico. Nesta música o negro projetou — quase sugada, como pus de uma ferida — uma sensualidade poderosa, sua dor e seu desejo, seu amor e seu ódio, sua ambição e seu desespero. O negro projetou em sua música seu próprio corpo. Os Beatles, os quatro garotos cabeludos de Liverpool, ofereceram como sua dádiva o Corpo do Negro, e ao fazerem isso estabelecem uma comunicação rítmica entre o ouvinte e sua própria mente e corpo".

No rock'n'roll de Elvis a balança pendeu para o dionisíaco, daí o predomínio da dança. Dylan e os Beatles restabeleceram o equilíbrio apolíneo/dionisíaco: o ritmo continuou pulsando interiormente, vigoroso como nunca, mas e por isso mesmo tornando desnecessária a expansão física na forma de dança. Bastava ao ouvinte marcar apenas um compasso mental. Quando o empresário Bill Graham abriu o Fillmore de San Francisco, em 1967, transformando um antigo teatro na maior sala de concertos de rock, ainda pensava em termos de rock'n'roll: mandou retirar as poltronas, deixando o chão livre para servir como pistas de dança. Mas quase não se dançava mais, e o *acid-rock* era apropriadamente etiquetado como *head music* — música de cuca, mental. No ano seguinte, ao abrir o Fillmore East, em Nova Iorque, Graham não se deu mais ao trabalho de retirar as poltronas.

O rock hoje não é apenas dionisíaco mas, assim como a tragédia grega e o *blues* clássico, está ancorado no equilíbrio ideal entre dionisíaco e apolíneo — sendo por isso o melhor veículo para refletir esta época de crise. E que dizer daquela outra qualidade que, como Salvador Dali, muitos atribuem ao rock, rotulando-o de "afrodisíaco"? "Políticos eróticos é o que somos", dizia Jim Morrison, do conjunto The Doors, processado em 1968 por ter levado ao pé da letra esta sua declaração de princípios, simulando masturbar-se diante de um público juvenil da Flórida. Janis Joplin prometia "compor uma canção que descreva o que é fazer amor com 25 mil pessoas e depois voltar sozinha para casa". Ela encarava um concerto de rock como "um ato sexual" e dizia: "Eu canto com minha voz, com o corpo, com o sexo — eu canto toda". Ao descrever sua música, Ray Charles parece também falar de sexo: "*Soul* é o modo de entrar numa canção e fazer a canção entrar na gente. Fazer dela uma parte de nós mesmos, mas uma parte real, concreta, quase tangível". Mick Jagger descreve o que ele experimenta durante um concerto: "A gente sente a adrenalina subindo pelo corpo. É uma coisa muito sexual e a energia parece transbordar daqueles públicos imensos e trepidantes de Nova Iorque, Chicago ou da Califórnia". Quando canta — e Jagger é dos cantores brancos que mais se aproximam do grito do *blues* — ele executa também uma dança toda sua que já foi chamada de *cri du ventre* (grito do ventre).

Embora as ideólogas do Women's Lib vejam o rock — música, cantores e letras indistintamente — como instrumento *machista* de dominação, o fato é que a música *pop* e sua mitologia trouxeram uma importante modificação nas atitudes sexuais das gerações mais jovens. Ainda que apenas no plano da imagem, o músico de rock assumiu e divulgou o modelo unissex, derrubando o estereótipo masculino tradicional e adotando "a coroa caucasóide da feminilidade" que Cleaver aponta nos Beatles. Mick Jagger, apelidado "Myra Breckinridge da Nação de Woodstock", reconhece: "Devo tudo à minha ambigüidade, à cara de rapazinho linfático desencantado, à feminilidade adotada". E o crítico teatral Kenneth Tynan, autor de *Oh, Calcutá!*, aponta nos Rolling Stones "a ambigüidade ostentada com furor quase ideológico: como uma bandeira, uma provocação irônica, uma espécie de rebeldia sarcástica. Elegância muito feminina, exagerada até um travestismo capaz de provocar apoplexia mesmo num Krafft-Ebing". No grupo de Alice Cooper (Alice é homem), todos os componentes (homens) se apresentam travestidos, com cílios postiços e minissaias. "Alice" explica sua ambigüidade sexual deliberada: "As pessoas ficam muito surpresas quando entram em contacto conosco e verificam que somos homens de verdade. É muito simples. Todo mundo é parte homem, parte mulher, e você tem que aceitar as duas partes se quiser que a cuca funcione bem. É a lei natural. As pessoas que se sentem ameaçadas por nós realmente não estudaram a fundo sua própria sexualidade. Mas depois de nos verem sempre levam alguma coisa para ruminar em casa". Na linguagem de Jung, é o homem assumindo a *anima,* o componente feminino da sua personalidade. O uso de cabelos compridos pelos jovens da década de 60 se deveu principalmente à imagem criada pelos cantores de rock, e o mesmo vale para a revolução nas roupas. O modelo unissex é promovido sobretudo no plano cenográfico. Mas também não faltam, nas letras de rock, as citações de natureza sexual. O próprio nome *rock'n'roll* é expressão quase direta do ato sexual, originando-se de um velho *blues* que diz *My daddy he rocks me with a steady roll* — "Meu homem me embala com um balanço legal". O *establishment* reage ao rock como reagia trinta anos antes ao jazz, cujo nome veio da palavra *jass,* expressão de gíria carregada de conotações copulatórias. No empenho historicista de designar um local e uma data para o surgimento do jazz, a crítica ortodoxa decidiu que este estilo de música tinha nascido a partir de 1900 em Storyville, "o bairro da luz vermelha", ou seja, dos bordéis de Nova Orleans que um sociólogo descreve como "uns quarenta ou cinqüenta quarteirões de sexo e música". A associação entre música e sexualidade é uma constante. Em 1955, o crítico W. J. Henderson dizia do jazz: "Esta música gritante evoca uma orquestra de loucos, de maníacos sexuais, regida por um garanhão que marca o compasso com um enorme falo". (O falo, na verdade, estava na cabeça do crítico). Num tom semelhante, diz o dr. Calvin Seerveld, professor de Teologia do Trinity College de Chicago: "Os ritmos da canção dos Beatles *A Hard Day's Night* nada mais são do que uma sinistra expressão da mais profunda volúpia". Reação idêntica se deu em meados da década de 1950 quando Elvis, cognominado *The Pelvis,* só pôde aparecer na TV, no Ed Sullivan Show, mostrado da cintura para cima, porque sua ginga era considerada "obscena". O mesmo Ed Sullivan, antes de apresentar os Rolling Stones ao público americano, exigiu que eles trocassem a letra da canção *Let's Spend the Night Together* (Vamos Passar a Noite Juntos) para *Let's Spend Some Time Together* (Vamos Passar Algum Tempo Juntos). O repertório dos Rolling Stones é um verdadeiro *erotikon* e, se o grande tema de suas canções é a alienação, o assunto certamente é sexo. Não foi por acaso que um de seus maiores sucessos, a música que marcou seu estilo, se chamou *(I Can't Get No) Satisfaction,* comentário cáustico sobre a impotência do homem moderno. Nos concertos, Mick Jagger costuma rebolar com a malícia de um travesti e manipula o microfone fálico com mil insinuações. Jim Morrison e Janis Joplin também não faziam por menos em suas apresentações públicas e Jimi Hendrix violentava a guitarra num ato de amor e ódio, tocando-a com os dentes, entre as pernas, acariciando-a como se fosse uma mulher. Durante um concerto em Nova Iorque, o grupo neodadaísta The Mothers of Invention exibiu um enorme balão que ia inflando e levantando à medida que aumentava a tensão da música, para explodir durante os acordes finais num orgasmo simbólico. Mas não foi necessária toda essa cenografia dos Mothers of Invention para que o deputado republicano James B. Utt (Califórnia) declarasse: "Os Beatles e seus imitadores usam técnicas pavlovianas para produzir neuroses artificiais em nossos jovens. Experiências sérias sobre hipnose e ritmo mostraram que a música de rock conduz a uma destruição do mecanismo inibitório normal do córtex cerebral e permite fácil aceitação da imoralidade, bem como o desrespeito de todas as normas morais".

As correntes psicológicas mais modernas já encaram o rock de uma maneira mais favorável, como mostram as declarações do sexólogo americano Herb Goldberg: "Esta música oferece uma visão importante da consciência dos jovens, de sua maneira mais aberta e direta de expressão sexual, de suas mudanças nas expectativas e atitudes relativamente ao papel e comportamento sexual de cada um, bem como uma visão da nova filosofia da mulher". Embora a associação entre rock e sexo apareça cada vez mais evidente, o fenômeno resiste a interpretações fáceis. Os estudos publicados sobre música e sexualidade não chegam a mais de uma dezena e todos, menos um, se dedicam à música clássica. O que é pior, não oferecem uma análise satisfatória, tocando apenas a superfície do problema. A antropologia mostra que diversos tipos de instrumentos musicais tiveram sua origem em símbolos sexuais, ou seja, na representação dos órgãos genitais. Uma das principais funções da música nas sociedades primitivas era celebrar os rituais de sexo e fertilidade. Segundo Darwin, a fala humana não antecedeu a música, mas derivou dela. O canto, para Darwin, era um dos meios de atração e "galanteio" com vistas ao acasalamento e a fala só teria vindo depois, como um desenvolvimento disciplinado daquela linguagem sexual, aplicada à comunicação entre as pessoas. Assim, a música seria o código de comunicação sexual por excelência, e a fala não passaria de um derivado desse código, sua versão amenizada para fins de organização social. Uma das canções de rock que melhor sintetiza essa relação entre música e sensualidade é o tema central da ópera-rock *Tommy,* do conjunto inglês The Who. Composta pelo guitarrista Pete Townshend, *Tommy* é a história de um garoto que nasce cego-surdo-mudo, com os sentidos "bloqueados", alusão clara aos condicionamentos sociais que reprimem o indivíduo. A família leva Tommy a dezenas de médicos, curandeiros e milagreiros. Um dia, ele passa por uma experiência psicodélica e começa a ver-ouvir-falar-sentir. O refrão cantado por Roger Daltrey em tom de súplica, *See me, feel me, touch me, heal me* é um apelo em favor da abertura das percepções do descondicionamento, da libertação dos sentidos. Nota-se na frase uma superposição dos diversos "modos" sensoriais. Esse efeito é chamado de *sinestesia*: o estímulo que atua sobre um canal sensorial parece evocar imagens de outro canal tão prontamente como se fossem sensações do mesmo "modo". O mecanismo da sinestesia ocupa o centro de um dos grandes problemas que marcaram uma certa etapa da música *pop*: a ligação entre rock e drogas. É a fase que se inicia com o aparecimento eufórico e florido dos hippies de Haight-Ashbury (1967) ao som do "rock de San Francisco", conhece o seu apogeu no Festival de Woodstock, e declina rapidamente com o concerto dos Rolling Stones em Altamont, o caso da família Manson e as mortes de Jimi Hendrix e Janis Joplin (1970). Em *Music and Communication*, Terence McLaughlin define a sinestesia como "qualquer erro do cérebro em sua interpretação da massa de dados sensoriais que nossos olhos, ouvidos, órgãos do tato, etc., estão continuamente enviando para os centros cerebrais". Na vida "normal" — naquilo que Freud adequadamente chamou de "psicopatologia do cotidiano" — a sinestesia se manifesta sob a forma de pequenas alucinações, como a sensação muito comum de queda física que se tem ao adormecer. Essas pequenas manifestações são, de certa forma, o equivalente, no plano sensorial, dos atos falhos e lapsos de linguagem que Freud observou em seus estudos do comportamento humano. Prossegue McLaughlin: "É provável que as drogas psicotrópicas como o LSD ajam, pelo menos parcialmente, inibindo a ação dos censores mentais que nos impedem de dar atenção a nossas visões. Em vez de ignorar as semelhanças ocasionais entre as impressões sensoriais, ou de reprimi-las de nossas mentes conscientes, tais drogas induzem as pessoas a um interesse renovado por tais fenômenos. Certamente a sinestesia é um dos efeitos das drogas comumente observados, entre outras alucinações. A associação sinestésica entre a música e os outros modos sensoriais há muito tempo vem sendo reconhecida e discutida".

Aldous Huxley trouxe prestígio científico e validade literária ao debate das drogas em seu livro *The Doors of Perception* (1954) e seria homenageado pela geração do rock através do conjunto americano que adotou o nome de The Doors. Pode-se mesmo dizer que a grande busca dos jovens na década de 1960 — dentro da corrente chamada "a política do êxtase" — consiste na exploração sistemática de efeitos sinestésicos, afirmando o Princípio do Prazer sobre o Princípio de Realidade. Toda manifestação expressiva derivada do rock está voltada para essa superposição dos canais sensoriais. Os mais velhos têm dificuldade ou total impossibilidade de *ler* os *posters* de rock, os programas de concertos, as ilustrações, e principalmente a nova linguagem usada nos textos dos jornais *underground*, os *head-comix* (quadrinhos de cuca), etc. Em termos de comunicação, é a cultura-em-mosaico tomando lugar da tradicional cultura linear. O mesmo efeito de sinestesia é alcançado pelos *light-shows*, projeções de luzes coloridas que acompanham as apresentações de rock, principalmente na região de San Francisco. Marshall McLuhan analisa a sinestesia em seu estudo sobre a *alta fidelidade* nos discos: "A busca do 'som realístico' pela *hi-fi* logo se misturou com a imagem da TV como parte da recuperação da experiência tátil. Pois a sensação de ter os instrumentos executantes 'na mesma sala em que a gente' é uma tentativa de unir o auditivo e o tátil numa fineza de acordes que evoca, em grande parte, a experiência escultural. Estar na presença de músicos que tocam equivale a sentir seu toque e o manuseio dos instrumentos como experiência tátil e cinética, não apenas ressonante. Por isso pode-se dizer que a *hi-fi* não é uma busca de efeitos sonoros abstratos separadamente dos outros sentidos. Com a *hi-fi*, o fonógrafo enfrenta o desafio tátil da TV". Para McLuhan, a *hi-fi* e seu desenvolvimento lógico — o *som estereofônico*, ou 3D — ajudam a criar um ambiente envolvente (*all around*) que fecha o ouvinte numa espécie de envelope acústico (*wrap around*). Essa imagem e função da música sugerem, no plano psicanalítico, a noção de um verdadeiro *útero sonoro*, não de todo desprovido de sua carga regressiva. E repressiva também. Orwell e Huxley não se cansaram de descrever em suas antiutopias esse futurível cada vez mais próximo em que o Estado totalitário opera a dessublimação repressiva através de uma quantidade de paraísos artificiais. Segundo Eldridge Cleaver, por exemplo, 1984 pode chegar bem antes do tempo: Se muitos destes jovens se contentavam em ficar em seus apartamentos sofisticados puxando fumo e ouvindo jazz numa perpétua orgia de felicidade esotérica, havia outros, menos massacrados pelo sistema, que reconheciam a necessidade de uma ação positiva". O líder negro mostra-se desencantado com a alienação dos jovens pretensamente revolucionários da classe média branca: "Moloch não pediria outra coisa senão ver suas vítimas dissidentes recolherem-se a pequenas ilhas não-participantes e seguras, passivas, apolíticas, numa economia cada vez menos capaz de prover colocações para a horda crescente de desempregados. Se todos os desempregados tivessem seguido o exemplo dos *beatniks,* Moloch teria alegremente legalizado o uso de drogas euforizantes e maconha, e distribuiria, grátis, LPs de jazz e sacos-de-dormir para todos aqueles dispostos a assinar compromissos de fidelidade à filosofia de vida *beat*".

O próprio Aldous Huxley experimentou e viu que as "portas da percepção" podem se abrir para o céu, ou também para o inferno. Em *Heaven and Hell,* seqüência de *The Doors of Perception,* ele estudou esse efeito ambivalente das drogas. Jimi Hendrix descreve o limbo do drogado numa de suas principais canções, *Purple Haze*: "Purple haze was in my brain/ Lately things don't seem the same./ I'm acting funny, but I don't know why./ Excuse me while I kiss the sky./ Purple haze all around/ Don't know if I'm coming up or down./ Am I happy or in misery?/ Whatever it is, that girl put a spell on me/ I need help/ Help me, baby, help me, baby". — *"Névoa púrpura no meu cérebro/ ultimamente as coisas não parecem mais as mesmas./ Eu ando meio esquisito, mas não sei por quê./ Dá licença, me deixa beijar o céu/ Névoa púrpura por toda parte/ Não sei se estou subindo ou descendo./ Se estou feliz ou desgraçado./ Seja o que for, aquela garota (girl = cocaína) me enfeitiçou/ Preciso de ajuda/ Socorro, baby, socorro, baby".* Dois anos depois, um mês antes de morrer, Hendrix confessava em sua última entrevista: "Sabe, a onda das drogas chegou ao fim. Estava botando grilos na cuca das pessoas, dando a elas coisas que não podiam controlar. Bem, a música pode fazer isso — dar uma abertura — e você não precisa de droga nenhuma". Hendrix se volta para a nova mentalidade ecológica e propõe a "curtição natural" (*natural highs*) através da música: "Posso explicar tudo melhor através da música, hipnotizar as pessoas, e então elas voltam ao seu estado natural que é puro e positivo — como na infância, quando se vive a curtição natural das coisas". O cantor de rock/blues inglês John Mayall — que dedicou a Hendrix a canção *Accidental Suicide,* condena em recente entrevista os exageros do *acid rock,* associados, segundo ele, "à falta de disciplina, a um volume enorme de som, bloqueador, e, naturalmente, a públicos orientados pela droga. Nunca entrei nessa. O cenário do LSD repousa sobre um terreno movediço porque atrai pessoas instáveis e esquizofrênicas. Quando escolhi um volume baixo para minha música, fiz disso uma tese.

Os músicos que vinham trabalhar comigo depois de anos nas máquinas-de-barulho quase sempre diziam: 'Que alívio poder ouvir de novo o que você está fazendo'". Diz a cantora Freda Payne: "O *acid-rock* é um tipo de música encucada à beira da falência, como o próprio ácido. Para mim, é uma forma de música de horror, do tipo que você imagina ouvir pouco antes de morrer". Bob Dylan também renegou publicamente as drogas a partir de 1968 e John Lennon, cujos pronunciamentos causam sempre grande impacto na contracultura, definiu claramente sua posição na canção *I Found Out*: "I've seen through junkies I been through it all/ I've seen religion from Jesus to Paul/ Don't let them fool you with dope and cocaine/ Can't do you no harm to feel your own pain". — *"Vi o jogo dos drogados passei por tudo isso/ Vi religião de Jesus a Paul/ Não deixe que o iludam com droga e cocaína/ Não lhe fará nenhum mal assumir sua própria dor"*. Eric Burdon, dos Animais, junta-se ao coro, mas faz uma ressalva: "A experiência da droga, a longo prazo, pode não representar absolutamente nada, mas nos ensinou que deixar-se caotizar (*to be deranged*) não é necessariamente inútil". Burdon encara a escolha desse caos como um mecanismo de defesa contra uma ordem social absurda, seguindo a mesma linha de argumentação da antipsiquiatria de R. D. Laing e David Cooper. Ressurge aqui o dilema das duas revoluções: a de Marx e a de Rimbaud, que propunha o *dèrèglement systèmatique de tous les sens*. Billy Mundi, dos Mothers of Invention, defende a caotização sistemática: "No espetáculo convencional, o artista procura fazer com que o público se identifique com ele e nele se anule. É uma técnica reacionária. No rock são os músicos que devem se identificar com o público e se anular no público. É um sentimento revolucionário. O som amplificado, que corta toda possibilidade de comunicação não só com a pessoa ao lado mas de cada pessoa consigo mesma. As luzes relampejantes, que diluem as relações de espaço e anulam a capacidade de orientar-se segundo o hábito embrutecedor do espaço tridimensional. Então tudo explode. Explode a segurança que o Sistema oferece. Explode a segurança que oferecem a rotina e os hábitos, aceitos passivamente porque são mais cômodos e ajudam a sobreviver. O homem se encontra consigo mesmo e ao mesmo tempo confundido com uma multidão infinita de outros homens. Não somos gente de espetáculo, não fazemos espetáculo. Somos apenas provocadores de um rito".

A imagem da música *pop* como provocadora de ritos no século da massificação tem-se prestado a várias interpretações, sobretudo de natureza antropológica. Walter Benjamin, que distingue nas obras de arte um "valor de culto" e um "valor expositivo", afirma que "as mais antigas obras de arte nasceram a serviço de um ritual, inicialmente mágico, depois religioso". É o caso de perguntar até que ponto a música — em suas origens profundamente ligada à magia e à religião — ainda guarda, mesmo em suas manifestações de vanguarda mais seculares (rock, música concreta, etc.), resquícios de um sentimento religioso? Benjamin observa no surgimento das técnicas de reprodução e na sua resultante, a cultura de massas, "um fato verdadeiramente decisivo e que vemos aparecer pela primeira vez na história do mundo: a obra de arte emancipando-se da existência parasitária que lhe era imposta por sua função ritual". A canção *God,* de John Lennon, é uma enumeração de *I don't believe* que expressam a sua não-crença. Mas, enquanto o verbo "acreditar", com suas evidentes conotações religiosas, continuar existindo, essa dualidade persistirá. É o que aponta Mircea Eliade em *Sacré et Profane*: "Em que medida o 'profano' pode tornar-se, em si, 'sagrado'. Em que medida uma existência radicalmente secularizada, sem Deus nem deuses, é suscetível de constituir o ponto de partida de um novo tipo de 'religião'? Existem também os desenvolvimentos possíveis a partir de uma concepção de que a religiosidade constitui uma estrutura última da consciência; de que ela não depende das inúmeras e efêmeras (pois históricas) oposições entre 'sagrado' e 'profano', tais como as que encontramos no curso da História". Jimi Hendrix parece estar falando dessa estrutura última ao afirmar que, com a música, "é possível pregar ao inconsciente aquilo que se quer dizer. É por isso que o nome 'igreja elétrica' surge e ressurge em *flashes*".

Ainda no plano ritual, o rock — assim como o jazz que o precedeu — é rico em manifestações do tipo que os antropólogos chamam *potlatch*. O *potlatch* é uma prática das sociedades primitivas que consiste na troca ou destruição de bens pelo chefe do clã ou da tribo. O líder afirma com esse gesto sua independência, mostrando maior capacidade de retribuir do que de receber. O autor do *potlatch* desafia assim os chefes de outras tribos a negarem, como ele, a riqueza, recolhendo desse ato de aparente autodestruição um prestígio político imenso, e reforçando sua imagem junto aos seus. O chefe que aceitar esse desafio terá que responder com um *potlatch* ainda mais espetacular. No livro *American Jazz Music,* Wilber Hobson descreve as apresentações da excêntrica orquestra de jazz de Mike Riley, durante as quais os instrumentos eram submetidos a verdadeiras mutilações: "A orquestra lançava jatos d'água, rasgava as roupas, e Riley oferecia talvez o maior de todos os espetáculos cômicos de trombone, uma versão maluca de *Dinah* durante a qual ele repetidamente desmembrava o instrumento e o montava de maneira errada até que os tubos ficavam pendurados como peças de móveis de latão numa loja de penhores, com uma sirene vagamente harmônica soando ainda de uma ou mais extremidades soltas". O cantor de *rhythm & blues* T-Bone Walker antecedeu Bo Diddley e Elvis Presley no uso da guitarra como elemento cênico, esfregando-a contra o corpo, tocando-a por cima da cabeça ou nas costas. Acrobacias desse gênero também foram características do rock'n'roll inicial. O contrabaixista dos Cometas de Bill Haley, por exemplo, tocava o instrumento plantando bananeira. Jerry Lee Lewis, no final de cada apresentação, encenava "um ato selvagem e agressivo que incluía rasgar as roupas à medida que a execução progredia e terminava com a banqueta do piano voando pelos ares e se esfacelando do outro lado do palco". (Ch. Gillett). No começo do rock, predominava o estilo aparentemente suave e estático dos Beatles. Mas em pouco tempo as apresentações evoluíram também para atos simbólicos de violência. Durante 1966-67, o conjunto inglês The Who incluía em seus shows um número de destruição, quebrando toda noite o equipamento, guitarras, amplificadores, etc., numa manifestação de agressão e energia que segundo um crítico, "parecia a única conclusão lógica do seu ato niilista". Em *Blow Up* (1966), Antonioni incluiu uma cena de *potlatch*-rock pelo conjunto inglês The Yardbirds. Mas o grande xamã dos ritos pagãos do rock foi mesmo Jimi Hendrix. No Festival Pop de Monterey (1967), filmado por Leacock e Pennebaker, Hendrix morde as cordas da guitarra, faz amor com ela, depois a deposita solenemente na beirada do palco, retira da sacola *hippie* uma lata de fluido de isqueiro em *spray,* molha a guitarra com o combustível e a destrói pelo fogo. Fúria expressiva, truque promocional, destruição simbólica da sociedade de consumo e da figura do Pai? O crítico *underground* Bonny Cohen vê a coisa de outra maneira: "Em certos grupos, o rock se tornou a energia da destruição. Quando os artistas desmantelam o seu aparato tecnológico ao fim de cada concerto, os fabricantes-de-dinheiro acariciam suas barrigas satisfeitas: obsolescência artificial". A destruição dos excedentes da sociedade de consumo amenizaria assim para o sistema os perigos da superprodução, passando a atuar como mais um mecanismo a serviço da "dessublimação repressiva".

Dança, *potlatch,* ritual — tudo isso porém está incluído nas apresentações ao vivo, no rock como cenografia. Mas essa importância da performance se tornou ultimamente mais limitada: os concertos ao vivo ficaram mais raros, e o contacto entre artista e público passou a ser feito através de gravações e de entrevistas. O essencial, portanto, em qualquer discussão sobre rock, continua sendo a manifestação musical, o fenômeno sonoro em si, e este ainda resiste a interpretações e simplificações. Um campo importante e mal estudado, por exemplo, é aquele que abrange o que há de mais significativo no rock: a relação entre *palavra* e *música*. Escreve o sociólogo francês Edgar Morin no artigo *On ne connaît pas la chanson*: "A canção tem uma dupla substância: musical e verbal. Podemos perguntar se o mais importante da canção, de seu sucesso, não reside antes de tudo na parte musical. Ainda assim, a canção se apresenta sempre como totalidade música-palavra".

Em sua entrevista de janeiro de 1971 à revista Rolling Stone, John Lennon afirma: "Eu gostava do som dele (Dylan), não precisava nem ouvir suas letras, mas ele costumava chegar com o disco e dizer: 'Ouça isto John, está ouvindo a letra?' Eu dizia que não importava, o que conta é o som — a coisa global. Eu também me apegava a muitas figuras paternas, por isso gostava das coisas que ele fazia. Você não precisa ouvir o que Bob Dylan está dizendo, precisa é ouvir a *maneira* como ele está dizendo". É verdade que o "som global" tem grande importância: prova disso está na imensa aceitação do rock em países onde não se entende palavra de inglês. O ouvinte estrangeiro satisfaz-se apenas com os sons e a vocalização; em muitos casos é justamente por nada entender do que o cantor está dizendo que ele experimenta uma sensação profunda de mistério na música. Absorve a voz humana em seu aspecto físico, sem nenhuma conotação intelectual. Apesar de tudo isso, persiste o fato de que os mais importantes artistas de rock são todos hábeis manipuladores da palavra. Nunca, por exemplo, a palavra foi tão importante no rock, tão valorizada, como nos últimos LPs de John Lennon, em que cada canção oferece um comentário filosófico sobre a condição humana. A primeira coisa que se destacou na obra de Bob Dylan foi a palavra, e sua importância persiste até hoje, se é que não aumentou. Muitos músicos — Lennon, Yoko Ono, Dylan, Jim Morrison, Donovan — publicaram livros de poesia ou de prosa poética. E não são poucos os músicos de rock que mandam imprimir as letras das canções em seus álbuns. A letra aparece assim como uma espécie de suplemento verbal da música, ou mesmo como seu suporte ideológico. Outro importante ponto a ser investigado é a inter-relação de *palavra* e *música* durante o próprio ato sonoro, ou seja, no momento exato em que se ouve a canção. Ainda que o ouvinte não consiga ou não queira captar as palavras numa primeira audição — ainda que ele não racionalize ou memorize a letra — o seu inconsciente raramente deixa de registrar a mensagem do compositor. No plano da percepção, tudo se passa como se as duas funções estivessem perfeitamente dissociadas: a matéria verbal se encaminha diretamente para o lóbulo temporal esquerdo, enquanto o som e a música se dirigem para o lóbulo temporal direito. Existe portanto no cérebro humano uma área específica para a apreciação dos sons e outra para a recepção e análise da palavra.

O problema da palavra no rock levanta outra velha questão: a adequação entre música e palavra. Nietzsche foi um dos que melhor compreenderam esse dilema. Ele escreveu, em *O Nascimento da Tragédia a Partir do Espírito da Música*: "A palavra, o órgão e símbolo da aparência, nunca pôde conseguir trazer à superfície o cerne mais profundo da música. Toda vez que se aplique a imitar a música, a palavra permanecerá em contacto puramente superficial com ela e nenhuma quantidade de eloqüência poética nos levará um passo mais perto do segredo essencial daquela arte". Nietzsche condena o *stilo rappresentativo*, "em que a música faz o papel do criado, o texto o papel do patrão; em que a música é associada ao corpo, o texto à alma". Mais adiante assinala: "O que o poeta *qua* poeta foi incapaz de conseguir, ou seja, a suprema espiritualização do mito, ele poderia ter alcançado a qualquer momento em seu caráter de músico".

Edgar Morin diz que "a música nos remete a uma psico-sócio-musicologia que está longe de ser constituída e que implicaria previamente numa músico-semiologia". Mas os semiólogos geralmente têm péssimos ouvidos e ainda não se debruçaram suficientemente sobre a música, especialmente sobre a música *pop*. Parece mesmo muito difícil conciliar metodologia semiológica e sensibilidade musical, e o único caminho encontrado até agora foi associar a música às estruturas do mito. O próprio Nietzsche pressentira já esse enfoque ao perguntar "em que relação está a música para a imagem e o conceito?" — e ao responder ele mesmo: "Deduzimos que a música é capaz de dar nascimento ao mito (...) e, acima de tudo, ao mito trágico, que é uma parábola do conhecimento dionisíaco".

Em *The Medium is the Massage,* seu primeiro livro ilustrado — em si uma verdadeira minimitologia — Marshall McLuhan destaca esse poder mítico do rock: "Mito quer dizer ligar a audiência, ligar o nosso ambiente. Os Beatles fazem isso. São um grupo de pessoas que subitamente conseguiram ligar seu público e a língua inglesa com efetos musicais — assumindo toda uma vestimenta, todo um tempo, um *Zeit*". E Pierre Schaeffer, um dos pioneiros da música concreta, escrevendo em *À la recherche d'une musique concrète* (1952): "Se eu reúno o fragor de ruídos, gritos de animais, o som modulado das máquinas, me esforço também para articulá-los com as palavras de uma linguagem que eu praticaria sem mesmo a compreender e sem a ter jamais apreendido; eu decifro hieróglifos. A dificuldade desta conversação viria do fato de que meu interlocutor não tem a mesma confiança que eu na correspondência secreta entre o homem e o mundo, da qual a música é uma das chaves".

Suzanne K. Langer, em *Form and Feeling* (1953), assinala que "as estruturas tonais que chamamos música guardam uma íntima semelhança lógica com as formas do sentimento humano — formas de crescimento e atenuação, fluência e alentamento, conflito e resolução, velocidade e parada, excitação e calma, ou ativação sutil e lapsos de sonho — não alegria ou tristeza, mas a pungência de cada uma delas ou de ambas — a grandeza, a brevidade e a eterna fugacidade de tudo que é vitalmente sentido. Tal é o modelo, ou forma lógica, ou senciência; o modelo da música é aquela mesma forma trabalhada em puro e medido som e silêncio. A música é um análogo tonal da vida emotiva". Nesse sentido, podemos aplicar à música e aos modernos *media* de que ela se serve esta descrição que Walter Benjamim faz falando do cinema: "É neste domínio que a câmara penetra, com todos os seus meios auxiliares, com suas subidas e descidas, seus cortes e separações, suas extensões de campo e suas acelerações, suas ampliações e reduções. Pela primeira vez ela nos abre a experiência de um *inconsciente visual*, assim como a psicanálise nos fornece a existência do inconsciente instintivo".

Pode-se assim falar de um *inconsciente auditivo* e este é o domínio da música — na nossa época, o domínio da música *pop*. Nietzsche já mencionava "pessoas que se comunicam com as coisas quase que inteiramente através de relações musicais inconscientes". É nesse domínio também que penetra Claude Lévi-Strauss ao afirmar, em *Le Cru et le Cuit*, que a música "é o mistério supremo, o mistério contra o qual a ciência deve necessariamente quebrar a cabeça, e o mistério que contém a chave para o progresso da ciência do homem". Lévi-Strauss esclarece e desenvolve essa argumentação em entrevista concedida a George Steiner em abril de 1966: "Todos sabemos que a música é um meio de comunicação. Quando ouvimos música, comunicamos com o compositor; comunicamos com os próprios músicos; e comunicamos, partilhando a mesma emoção, com os membros da audiência. Mas esse tipo de linguagem não pode ser traduzido em nenhuma outra coisa senão em si mesma. Pode-se traduzir a música em música. Pode-se modelar a melodia de maior para menor. Pode-se até chegar a uma equação matemática que permite modificar segundo uma certa regra o intervalo entre as notas de uma melodia e obter assim uma tradução da melodia. Mas não se pode traduzir a música em palavras; se se fizer isso, resultará um tipo de fraseologia que nada transmite da mensagem da própria música. Isso levanta, naturalmente, um problema imenso, exatamente igual ao problema levantado pela mitologia — porque também tem havido tentativas de traduzir o mito para alguma coisa que não é mitologia. Mas o resultado, geralmente, são platitudes da pior espécie. Mitos são traduções uns dos outros, e a única maneira de entender um mito é mostrar como uma tradução dele é oferecida por outro mito diferente. Por isso, existe algo muito semelhante entre mitologia e música".

No plano do inconsciente auditivo, o rock elabora hoje a mitologia do seu tempo. Não foi gratuitamente que um crítico classificou a música dos Beatles e dos Rolling Stones como "as canções de gesta da era espacial". Mais do que canções de gesta — que encontraram seu veículo ideal nas *rock-ballads* de Bob Dylan —, o rock é também o cancioneiro trovadoresco da sociedade tecnetrônica. E ele surge num estágio cultural em que a própria dualidade épico/lírica se desfaz e começa a se fundir numa corrente única: a dimensão político-épica do homem se confunde com a sua aventura existencial. Os Beatles caminharam a partir de um contexto lírico para um contexto épico. Começaram com um compacto de duas canções, *Love Me Do / PS I Love You* (nov. 62), alcançaram o apogeu com *All You Need Is Love* (jul. 67) e em 1970 John Lennon não hesita em oferecer no mesmo álbum, ao lado de *Working-Class Hero*, a canção *Love*, ou em produzir um LP inteiramente político. Dylan sempre se voltou mais para o épico, e os Rolling Stones — fiéis à tradição do blues — servem de ponte entre os dois extremos. A insistência sobre temas como amor e alienações, guerra e paz, esperança e frustração é o que funde as duas dimensões — épica e lírica — projetando a crise do indivíduo no cenário social deste Século da Revolução. Foi nesse cenário que surgiram os músicos de rock, para denunciar, com toda a força de sua voz, a tragédia da época.

SOM – SAÚDE –
MAGNETISMO E FORÇA
Steven Halpern, Ph.D.
Formato: 14 x 21
236 páginas
Tek Box Prod. de Alta Tecnologia
Caixa Postal 207
Rio de Janeiro
1995
(Ver pág. 124)

Relax pelo Som

STEVEN HALPERN, PH.D.

Arrastamento ou encadeamento

Há mais de 300 anos, o cientista holandês Christian Huygens notou pela primeira vez que dois relógios de pêndulo colocados lado a lado tendem a oscilar juntos, em ritmo combinado. Huygens observou que os dois pêndulos mantêm esse ritmo combinado com uma exatidão que ultrapassa a função mecânica dos relógios. Para o cientista holandês, aparentemente estabelece-se uma espécie de simpatia entre os dois relógios, como se quisessem marcar o tempo juntos.

Huygens observou o que os cientistas chamam hoje de "arrastamento".

O arrastamento é mais um princípio importante a ser considerado quando procuramos compreender como o corpo humano responde aos sons.

No capítulo anterior tratamos do fenômeno da ressonância e da ciência cimática. Ressonância e arrastamento se relacionam entre si. A ressonância é uma realidade vibratória natural que ocorre em nível molecular, celular e atômico. O arrastamento ocorre entre duas ou mais realidades vibratórias quando entram no mesmo passo ou fase. Esse sistema em fase pode entrar em ressonância.

Tecnicamente, arrastamento é a combinação de fase mútua de dois osciladores.

Um oscilador é qualquer objeto que pulsa ou vibra com

movimento periódico regular. Qualquer coisa que vibra, produz "som", audível ou não, e altera o ambiente, criando ondas periódicas. O "ambiente" alterado pode ser o tecido do corpo humano, o coração, um lago, o ar, um campo elétrico ou qualquer outra coisa.

O arrastamento é um fenômeno universal. Assim, sempre que dois ou mais osciladores, no mesmo campo, vibram *aproximadamente* no mesmo tempo, tendem a alterar seus pulsos para que possam vibrar exatamente no mesmo tempo.

Organismos vivos são osciladores e, como os pêndulos de Christian Huygens, quando vibram *aproximadamente* na mesma freqüência, tendem a entrar num ritmo único. O arratamento está acontecendo em todos os níveis do nosso corpo.

"Os organismos unicelulares mais simples oscilam em diversas freqüências, seja em nível celular, subcelular ou atômico" diz George Leonard no seu *The Silent Pulse.* "Filmes microscópicos desses organismos revelam claramente sua pulsação rítmica e incessante. Em um organismo complexo como o corpo humano, são inúmeras as freqüências de oscilação e a interação dessas freqüências."

George Leonard, no seu livro *The Incredible Machine*, relata um momento eletrizante do filme quando observava duas células musculares do coração ao microscópio. Em princípio, diz ele, cada célula pulsava com ritmo próprio. Então, aproximaram-se uma da outra. Um pouco antes de se tocarem houve uma alteração momentânea no ritmo e, então, as duas começaram a pulsar juntas em perfeita sincronização. O arrastamento fora capturado em filme.

Relax em nível celular

O relax pode ser definido como estar em harmonia consigo mesmo e com o mundo.

Se considerarmos nosso corpo como um bio-ressonador, estamos relaxados quando nosso sistema físico opera em ressonância, quando nossas ações são efetuadas aparentemente sem esforço, com um mínimo dispêndio de energia, ou quando ocorre um alto grau de arrastamento bio-rítmico entre os osciladores internos do organismo.

Entretanto, como nosso organismo é feito de conjuntos complexos de osciladores, somos também sujeitos ao arrastamento em relação ao mundo exterior. Quando nosso corpo recebe vibrações do exterior que têm um pulso quase semelhante a alguma parte de nosso organismo, é provável que haja um arrastamento. Quando a freqüência do estímulo externo é suficientemente forte e duradoura, o organismo pode entrar em arrastamento ou encadear-se com o pulso da fonte externa e perder seu ritmo natural. Portanto, de certo modo, o organismo deixa de se sintonizar consigo mesmo. Para a maioria das pessoas, o ruído provoca não só *stress* como também desconforto, não só desarmonia, mas também doença.

Por outro lado, verificamos que sons adequadamente selecionados podem criar um arrastamento ou encadeamento, que, na verdade, leva as pessoas ao equilíbrio e harmonia psicológicos.

Devido à bio-ressonância do corpo e sua tendência para o encadeamento, começamos a ver a possibilidade de uma nova definição de relax, uma definição que implique a pessoa em nível celular e molecular. Assim, as palavras *prazer e relaxamento* poderiam descrever dois estados de ser muito diferentes, embora não se excluindo mutuamente.

Por exemplo, quando ouvimos uma música que nos agrada dizemos que a música nos acalma. É muito provável que, nesse caso, a música escolhida e o prazer sejam resultado do nosso hábito. Tendemos a gostar daquilo que conhecemos. Podemos expressar prazer fazendo associações de imagens com a música, as lembranças que ela nos traz ou acompanhando a linha melódica.

Em uma série de estudos pioneiros realizados em 1973, os estudiosos do Instituto de Pesquisas Psicotrônicas da Califórnia, incluindo Dan Kientz, Randall Fontes e eu, verificamos alguns fatos interessantes sobre relax e música.

Verificamos que a música *considerada* como fator de relax, na verdade não estava promovendo nenhum relaxamento nas pessoas observadas em nenhum grau psicológico significativo. A experiência revelou que, embora grande porcentagem de indivíduos definissem subjetivamente o estado de espírito criado pelo *Sonho de Amor de Lizst nº 3* como "extremamente *relaxante, tranqüilizador e propício à meditação*", sua resposta de relaxamento *objetiva* foi muito menor do que se podia esperar.

Nos testes, os parâmetros da resposta fisiológica incluíram condutividade elétrica da pele, medida pela RGC (Resposta Galvânica Cutânea) e campos de energia eletromagnética medidos por meio da fotografia Kirlian. Em nenhum teste as respostas à música de Lizst passaram para níveis que podiam ser associados ao relaxamento profundo. Na verdade, o equipamento científico detectou um alto nível de atividade cerebral não relaxante.

Portanto, *embora suas respostas verbais subjetivas descrevessem a música como relaxante e tranqüilizante, as respostas objetivas dos seus corpos — suas coordenadas de relaxamento — foram muito abaixo do previsto.*

Música para relax

A maior parte das músicas não é composta conscientemente para provocar relaxamento ou para curar. Assim sendo, não é de admirar que o efeito dessas músicas não seja relaxante ou curativo.

Isto não quer dizer que essas músicas não sejam boas. Mas esse fato sugere que seria bom usarmos a música adequada para obtermos as respostas desejadas. Na verdade, muita coisa mais está envolvida na escolha da música realmente relaxante, do que apenas encontrar a música que a maioria das pessoas acha relaxante, tranqüilizante e propícia à meditação.

Do mesmo modo, os potenciais para criar um programa de som saudável são muito maiores do que temos sido levados a crer.

Além da música clássica, definida como relaxante e tranqüilizante, a equipe de estudo da Califórnia testou também a minha *Spectrum Suite.* Nos indivíduos testados, esta música produziu uma mudança espetacular nas medidas do RGC e na imagem Kirlian, mudanças essas que indicam um grau significativo de relaxamento. Testes subseqüentes, envolvendo eletroacupuntura, cinesiologia e cinesiosonia, corroboraram esses resultados.

Além disso, os extraordinários resultados relaxantes dessa música foram comprovadamente positivos, independente da idade, sexo e grau de instrução dos ouvintes. Portanto, ela facilitava o relaxamento em jovens e velhos, homens e mulheres, os mais e os menos instruídos, independente das preferências musicais de cada um.

A beleza dessa música é o fato de favorecer a saúde automática e facilmente. Todo o corpo responde a ela naturalmente. O estímulo musical é aprendido e assimilado em nível celular.

Os ouvintes reconhecem a linguagem vibratória da *Spectrum Suite.* Segundo uma das pessoas testadas, "com essa música, ouvimos a nós mesmos e não apenas a música". Outra pessoa disse: "É um novo tipo de recital de órgão." E outro comentou: "Não é apenas uma fita gravada, mas uma experiência vibratória pesssoal".

Quando as partes do corpo estão em ressonância, o corpo não precisa ser forçado a trabalhar, mas parece agir sem esforço, como se tudo estivesse perfeitamente afinado.

Sei por experiência própria que um ritmo imposto *do exterior* — como o da maioria das músicas, de Bach ao rock — raramente é tão relaxante quanto um ritmo escolhido internamente pelo próprio sistema nervoso do indivíduo.

Na minha opinião, o encadeamento do ritmo do corpo é responsável por grande parte dos seus efeitos positivos sobre um leque tão amplo de pessoas. A respiração se acalma, o ritmo cardíaco torna-se mais regular e a atividade mental decresce, entrando nos ritmos alfa

Resumindo, *o relaxamento ocorre tanto em nível fisiológico quanto psicológico. O corpo, até onde podemos verificar, parece adquirir aptidão para expressar sua própria natureza e harmonia interna.*

Consegue-se um efeito relaxante adicional com a visualização criativa de áreas adequadas do corpo que ressoam com o som. O uso da música e da imaginação como instrumento para criar bem-estar psicológico será descrito na Segunda Parte.

Uma contradição aparente

Convém citarmos aqui o que parece ser uma contradição aparente.

Pesquisadores da Califórnia, de um lado, chegaram a resultados que parecem indicar que a música clássica — mesmo seleções consideradas como relaxantes e tranqüilizadoras — podem não ser muito eficazes para promover o relaxamento.

Por outro lado, os resultados das pesquisas feitas por terapeutas musicais tradicionais parecem indicar que as seleções clássicas podem produzir o relaxamento.

Como conciliar os dois resultados?

Inúmeros fatores estão envolvidos.

Um fator essencial diz respeito à profundidade relativa do suposto relaxamento. Evidentemente, a maioria das pessoas não está preparada para diferenciar quantitativamente um estado de relaxamento *profundo* e um estado de relaxamento brando. Sem um padrão fisiológico de comparação, qualquer música que não seja o rock "punk", discoteca ou "heavy metal" pode ser "relaxante".

Segundo, devemos nos lembrar que o corpo quer, mais do que qualquer coisa, estar em equilíbrio, ser curado, ser inteiro. Fará todo o possível para conseguir esse equilíbrio e essa cura, desde que tenha ajuda ou orientação razoáveis.

Para o corpo, uma pequena ajuda "sonora" tem um grande efeito. Na verdade, o "denominador comum vibratório" dessa orientação auxiliar pode ser o *próprio som* — pura energia —, desde que o som esteja, por assim dizer, no campo certo.

Existe um terceiro fator no que se refere à contradição aparente dos resultados das experiências. Como já dissemos antes, o gosto pela música é individual. O que dá prazer musical a uma pessoa pode desagradar a outra. Muito antes de serem submetidos a experiências, muitos dos indivíduos conheciam alguns tipos de música e tinham aprendido a relaxar com eles. Esse "processo de aprendizagem condicionada" sem dúvida influenciou os resultados dos testes.

Este fator nos faz lembrar de outro veículo de cura — a mente. Os pesquisadores da Califórnia focalizaram o relaxamento sem levar em conta a mente, isto é, só no nível molecular e celular do corpo. Quando outros pesquisadores que estudam os efeitos da música levarem em conta as faculdades emocionais, intelectuais, imaginativas e associativas da mente (relacionadas com a música clássica), poderão ser provocadas respostas psicológicas que podem ser muito úteis para estabelecer um ambiente curativo.

Sob um ponto de vista muito amplo, então, talvez as duas abordagens não sejam mutuamente exclusivas. Ambas podem ter sucesso para promover o relaxamento, embora sejam diferentes e cheguem a esses resultados por motivos diversos.

Voltando à afinação

As técnicas de relaxamento e meditação profunda provocam um estado fisiológico que é mais saudável do que apenas "descansar". *Biofeedback* e ioga estão entre essas técnicas. Porém, um dos métodos mais simples para ajudar a alcançar um estado de profundo relaxamento consiste em ouvir música composta especificamente para relaxamento e meditação.

Podemos prever que essa música meditacional ou controladora do *stress* venha a se tornar a alternativa ou complemento natural dos tranqüilizantes e sedativos no tratamento do *stress* simples. Não afirmamos que ouvir música possa *curar* todas as doenças relacionadas com o *stress*, mas não há dúvida de que poderá ajudar em muitos casos.

Certas vezes, nosso *stress*, como a ponta visível de um iceberg, indica um problema mais profundo, como doença física ou uma perturbação psicológica complexa. Nesse caos, as pessoas devem procurar o médico ou o terapeuta especializado.

Atualmente, médicos clínicos e cirurgiões, bem como terapeutas, estão indicando, mesmo para casos de *stress* físico ou psicológico grave, técnicas de meditação musicais e de imaginação orientada para propiciar o relaxamento e reduzir a necessidade de tranqüilizantes e sedativos. Os relatórios dos pesquisadores médicos mostram melhores resultados desse tipo de relaxamento na qualidade de vida, na diminuição dos efeitos colaterais dos medicamentos, em menor número de mortes acidentais e menos dinheiro gasto em medicamentos.

Como viver harmoniosamente em um mundo estressante

Já vimos que na sociedade do século XX os níveis de ruído são freqüentemente de tal ordem que podem nos desafinar. Uma das razões pelas quais as pessoas raramente percebem que foram postas fora de sintonia é o fato de não terem experimentado a sensação de estar *em sintonia* ou *afinadas!*

O assalto sempre crescente do som soma-se aos outros estresses que temos de enfrentar em casa e no trabalho. Essa carga de *stress* precisa ser aliviada pela introdução de maior relaxamento em nossas vidas.

Nosso meio ambiental não se adapta a nós. Precisamos aprender a nos adaptarmos a ele, ou mudá-lo.

Um primeiro passo seria identificar quais os elementos que nos cercam, passíveis de reajuste para diminuir o *stress* e quais podem ser usados para contrabalançar os efeitos do *stress*, levar ao relaxamento e, finalmente, produzir saúde.

Compreendendo como o som e a música podem afetar nossos corpos, nossas emoções e nossas mentes, podemos começar a instituir mudanças em nossas vidas. Essas mudanças podem contrabalançar os efeitos negativos do ambiente e evitar que sejamos continuamente manipulados por uma horda de estímulos externos indesejáveis.

Está na hora de você se sin-

tonizar em si mesmo. Nós o aconselhamos a assumir responsabilidades básicas para se sintonizar e se manter afinado.

Aconselhamos também a observar as mudanças sutis provocadas pelo som. Como medida preventiva, isto lhe dará uma acuidade especial para perceber quando o ambiente está solapando suas defesas. Comece a perceber como o seu corpo físico e suas emoções reagem aos vários sons e ruídos industriais, e às diferentes espécies de música. Só quando aprender isso é que você será capaz de manejá-los de modo positivo e proveitoso para a saúde.

Comece em casa

Um dos meus ditados favoritos sobre a vida harmoniosa é "Som Saúde" e começa em casa. Relaxamento, considerado por muitas autoridades médicas como condição essencial para conseguir e manter a saúde, pode ser facilmente aprendido e praticado em casa.

Por que não começar com música? Se você teve um dia de ruído estressante no trabalho, merece o prazer de música agradável e relaxante. Coloque uma fita ou um disco e encha seu ambiente com vibrações relaxantes e reconfortantes. Escolha o que parecer melhor para você.

Para fins de relaxamento, ouça especialmente música tranqüilizadora na qual a própria música relaxa o sistema nervoso, em lugar de deixá-lo mais nervoso ainda. Desse modo, o corpo maneja o fluxo de energia numa maior eficácia do que com uma música com forte padrão rítmico.

Algumas pessoas conseguem aliviar dores de cabeça devidas à tensão sem tomar remédios, apenas concentrando-se totalmente na música. Não é um processo *crítico* ou *analítico*, mas imaginativo. Por exemplo, pode-se imaginar que a música é um regato refrescante que passa sobre nós.

Muitas pessoas imaginam que seus músculos tensos, retesados ou doloridos estão sendo massageados pelas próprias ondas sonoras.

Outra técnica é a de imaginar que outra pessoa está massageando nossas têmporas latejantes ou nossos ombros tensos. Procure sentir essas mãos enquanto o fluxo melódico reflui e flui com sua respiração.

Outro meio consiste em ouvir os espaços entre os sons.

Outro ainda é imaginar que você é o instrumento que faz o som. Procure sentir as vibrações que o instrumento musical está sentindo quando tocado.

Ainda outra abordagem é imaginar que a música está respirando você.

O importante em todas essas técnicas é conseguir submergir totalmente no som.

Novo modo de ouvir

A maioria das pessoas tem seus próprios meios de ouvir música, especialmente para diversão ou dança.

A maioria das pessoas está também acostumada a ouvir música de fundo e tratar o som como se fosse um papel de parede auditivo perfeitamente inofensivo.

Todos os que estudam música aprenderam a ouvir analiticamente e com espírito crítico, isto é, analisando a forma e a estrutura da música e avaliando a qualidade do seu desempenho técnico.

Porém nenhum desses métodos é necessariamente propício ao relaxamento ou à terapia, nem nos oferece os aspectos de elevação e de transcendência e serem experimentados com a música. A maioria das pessoas jamais aprendeu a ouvir música de modo curativo.

Para ouvir música de modo relaxante e terapêutico, preste atenção às respostas que seu instrumento humano dá aos estímulos sonoros. Seu corpo e sua mente ficam calmos e relaxados? Ou você fica tenso e sente-se mal?

Além de prestar atenção à *música*, preste atenção a *você mesmo*. Tome nota do que está acontecendo com você enquanto a música toca.

Ouvir música em casa

A postura pode afetar o modo de ouvir.

Muitas pessoas acham que ajuda ouvir deitadas com os joelhos um pouco levantados e uma toalha dobrada sob o pescoço, outras preferem ficar sentadas eretas, as mãos apoiadas nas pernas com as palmas para fora, como se estivessem recebendo uma dádiva. Experimente. Você vai descobrir a posição melhor para você.

Tente pôr os pes com as pontas para os alto-falantes (um tipo de "música de sola").

Se estiver ouvindo com companheiro ou companheira, tentem colocar pés contra pés (outro tipo de "música de sola") ou costas contra costas. Desse modo seu corpo atua como transdutor ou amplificador de som para seu companheiro ou companheira, e dele (dela) para você.

Verifique se a música que ouve parece diferente em cada uma dessas posições. Pode também notar que a mesma música soa diferente com companheiros diferentes.

Ouvir em público

Pode-se usar uma outra dessas formas de ouvir quando se trata de música ao vivo. Obviamente, num auditório não é possível usar algumas das posições recomendadas para se ouvir música em casa. Além disso, você também não é muito encorajado a expressar a música no seu corpo, nem balançar na cadeira. Mas pode explorar outros meios de ouvir de dentro para fora que lhe permitirão auferir grande benefício dos concertos ao vivo.

Em primeiro lugar, considere o que está ouvindo.

Quando você assiste a um concerto, o que ouve nunca foi tocado daquele modo exatamente e provavelmente jamais o será de novo.

Cada espetáculo de música ao vivo, combinado com sua resposta a ele, constitui um acontecimento ímpar. Existe uma sutil interação de afinidade física entre o executante, você e o resto da audiência. Por que não tirar o maior proveito disso? Viver essa situação o máximo possível?

Você pode ouvir música com sua imaginação criativa.

Pode também fechar os olhos enquanto ouve. Sabe-se que quando se fecham os olhos corta-se todo o estímulo visual externo, intensificando assim a capacidade do ouvinte de focalizar no som. Você não é obrigado a manter os olhos no regente ou nos músicos. Se sua imaginação estiver ativa, pode observar o filme na tela da sua mente.

Uma das qualidades principais dos concertos é que se ouve não apenas com a nossa energia, mas com as energias coletivas de todos os presentes. O conjunto de atenção de audiência cria um campo maior de energia que pode afetar os sons que estão sendo produzidos, bem como o modo pelo qual esses sons afetam nossos corpos e mentes.

Um paradoxo

Um dos mais intrigantes paradoxos no que se refere a auferir benefícios ouvindo música pode ser testemunhado quase no fim — ou às vezes, antes do fim — de um concerto de música clássica. O som estridente, "stacatto" e ensurdecedor... o aplauso. Não é estranho que a beleza da música seja estilhaçada pelos sons semelhantes a fogos de artifício criados pela audiência?

Outra coisa interessante são os acessos de tosse ouvidos especialmente nas partes mais suaves do concerto. Faz pensar que talvez seja um fenômeno muito mais relacionado com uma sabotagem inconsciente e uma necessidade de despertar atenção do que uma reação reflexa na garganta.

Seja porque os membros da audiência desejam "fazer parte do espetáculo", subconscientemente querendo estar também no palco, seja porque não suportam a sensação de bem-estar e querem sabotar seus próprios sentimentos agradáveis, não sabemos dizer.

Parece que chegou o momento de descobrir um novo meio de demonstrar apreciação sem destruir a beleza do que acaba de ser criado. Seria bom para a audiência e para os executantes trabalharem nesse assunto.

Dê uma chance ao seu corpo

Em última análise, *talvez não seja importante saber se a música está criando o relaxamento ou se apenas ajuda o corpo a se relaxar por si mesmo. Sabemos* que o próprio *corpo é geralmente* um *organismo auto-retificador* se lhe damos a oportunidade. *Talvez a música esteja apenas ampliando o próprio poder curativo do corpo e sua capacidade de relaxamento.* Mesmo assim, a música pode ser um complemento poderoso do processo curativo. *O resultado final é nossa saúde e bem-estar.*

Música terapêutica pode ser mais ou menos como aspirina. Não sabemos exatamente como a aspirina funciona, apenas que aparentemente funciona. Usamos aspirina, por que não usar a música?

Atualmente as pessoas têm equipamentos que facilitam condicionar sonoramente os seus lares, seus lugares de trabalho com música relaxante e harmoniosa. Essa música certamente será mais atraente para o sistema nervoso do que o ruído do ambiente urbano. Uma vez que o corpo naturalmente prefere um som mais harmonioso, esta será a música à qual ele responde e com a qual sintonize.

Para criar um ambiente relaxante em sua casa ou apartamento, você pode escolher entre ouvir música, ou os sons da natureza ou as freqüências filtradas de faixa ampla. Se você mora em ambiente urbano, gravações de sons da natureza podem ser obtidas em quase todas as lojas de discos. Quanto aos aparelhos para mascarar ou filtrar, existem vários no mercado.

Ouvir música para relaxar não é o único ingrediente de uma dieta sonora. No capítulo 7, Dieta Sonora, sugerimos os meios para criar e produzir sons, por exemplo, cantando, vocalizando ou fazendo música no piano, na guitarra ou em outro instrumento.

Medicina do Som

Medicina e saúde

John Torinus, editor do *Post-Crescent*, em Appleton, Wisconsin, recentemente passou cinco dias no Appleton Memorial Hospital, na sala de cardiologia, "para colocar meu coração no caminho certo".

Além do tratamento médico, o cirurgião cardiológico Dr. David Warner receitou "música bonita" para o Sr. Torinus, e levou ao paciente quatro fitas cassete para que ele ouvisse durante sua estadia no hospital.

"Achei as fitas fascinantes", escreve Torinus na sua coluna "Caderno de Notas do Editor". "E ouvindo aquela música ali na cama do hospital, senti que ela me ajudava imensamente a relaxar."

O Dr. Warner usa esses cassetes com seus clientes antes, durante e depois da cirurgia. Faz com que ouçam com fones de ouvido horas antes de entrarem na sala de cirurgia, e mesmo enquanto estão anestesiados, fazendo com que a música toque para o consciente e para o inconsciente.

O dr. Warner diz que está apenas no início de seus estudos sobre o uso da música como auxiliar na recuperação do corpo humano.

A saúde não é apenas ausência de doença; é uma qualidade positiva de vida. Relaciona-se com nossa capacidade de criar, de ter prazer, de funcionar completamente, de *manifestar* todo o nosso potencial na vida, de amar, trabalhar e nos divertirmos.

A medicina holística é em parte uma resposta à crescente despersonalização da medicina moderna. Essa ciência atualmente tende a enfatizar os órgãos com funcionamento deficiente e tratar o corpo como uma máquina bioquímica que às vezes precisa de reparos. Por outro lado, a medicina holística tende a ver o paciente como uma pessoa completa e tenta responder não apenas à doença, mas à saúde da pessoa e à sua vida total, incluindo o ambiente.

Robert Ornstein, Ph.D, acerta no ponto exato quando diz que "nosso empenho na medicina é especialmente dirigido para o tratamento das doenças, não para a responsabilidade do indivíduo para com sua saúde. Tentamos controlar problemas do corpo de fora para dentro com medicamentos, em lugar de tentarmos usar a capacidade inata do indivíduo de auto-regulagem".

Enquanto o objetivo único do médico é curar doenças e ajudar a evitar problemas futuros, um especialista da saúde concentra-se em ajudar-nos a nos desenvolver usando nossos próprios meios.

Quando se fala sobre serviço de saúde, não se está necessariamente falando apenas sobre fazer coisas *para* as pessoas, que é a perspectiva médica padrão atual. Em vez disso, enfatizamos o fazer coisas *com* as pessoas, isto é, *levar o paciente a desempenhar um papel consciente na sua própria cura e desenvolvimento.*

Música e cura

Grande parte da cura de que se fala hoje é na verdade uma autocura. Realmente, muitos médicos admitem que eles não *fazem* a cura; apenas ajudam o organismo a se libertar de um problema que impede que o corpo se cure por si mesmo.

A música, usada adequadamente, pode muitas vezes facilitar a cura, embora a forma real possa variar consideravelmente.

Música nos hospitais

Alguns hospitais permitem agora — e incentivam — a música no seu interior. Por exemplo, no Centro Médico Kaiser Permanente em Los Angeles, os pacientes que sofrem dores podem usar não só o que lhes é receitado como também música calmante e relaxamento orientado num sistema de cassetes. Alguns dos médicos do centro chegam mesmo a "receitar" as fitas de música em lugar de analgésicos e tranqüilizantes.

"Dizemos aos pacientes para usarem a fita quando quiserem", comenta o Dr. David Walker, um dos psiquiatras da equipe especialista em medicina comportamental, "um pouco antes de entrarem na sala de operação, ou mesmo quando os médicos estão falando com eles. Eles podem repetir a fita mentalmente, mesmo que não a estejam ouvindo e ter o mesmo resultado".

Kaiser-Permanente é um sistema de centros médicos que funcionam nos Estados Unidos, muitos deles usando música de acordo com os novos métodos.

No Kaiser-Permanente de Oakland e de São Francisco, estão aplicando um programa de relaxamento por música e/ou relaxamento orientando com música antes da cirurgia cardíaca, durante a quimioterapia, em pacientes com dores crônicas nas costas e nos que têm lesões incapacitantes da espinha. Pacientes externos com *stress* relacionado a doenças com pressão alta, enxaquecas e úlceras são aconselhados à mesma prática de música e relaxamento.

Usar música em todo o hospital, e não apenas nas seções de terapia, é uma prática relativamente nova.

Ao que sabemos, foi aconselhada por pacientes que conheciam fitas de música para relax e que as levaram para o hospital e para as salas de operação. Notaram, sem que ninguém lhes dissesse, que a música os ajudava a relaxar.

Ouvindo essa música, médicos e enfermeiras, bem como os outros pacientes, começaram a se interessar por ela. Ficaram intrigados especialmente com seus efeitos benéficos.

Pessoalmente, introduzir essa música no ambiente dessas instituições tem sido um dos aspectos mais satisfatórios e agradáveis do meu trabalho.

A atmosfera do hospital

Kaiser-Permanente é apenas uma entre muitas instituições de serviço público que têm usado com sucesso minha (e, recentemente, de outros) música de relax para reduzir o *stress*, aliviar a dor e ajudar a personalizar a atmosfera geralmente superimpessoal do hospital. Dignos de nota são o Centro Médico de Massachusetts, em Worcester, Hospital Beth Israel, em Boston, e o Hospital da Universidade Hahnemann, em Filadélfia, o Centro Médico do Exército Walter Reed, o Mount Zion Hospital, em São Francisco, ARE Centro Médico, em Phoenix, e o Centro de Consultoria e Pesquisa do Câncer em Dallas, Fort Worth.

Os drs. William e Gladys McGarey, do Centro Médico A.R.E., em Phoenix, relatam que a música é usada na sala de parto, na sala de *biofeedback*, na sala de consultoria, na sala de massagem e durante a terapia física, bem como na sala de espera e na loja de presentes.

Em um hospital a música está ajudando as vítimas de derrame a recuperar a fala. Em outro centro, está ajudando as vítimas de queimaduras a suportar a dor enquanto as lesões cicatrizam. Num terceiro, ajuda um paciente de câncer com dor crônica.

Alguns dos programas musicais tendem a evocar imagens, outros desenvolvem um estado de desligamento. A maioria ajuda a reduzir os sintomas físicos do *stress*, como pressão alta e taquicardia.

A música tem sido usada em partos e também para ajudar a ensinar os métodos de relaxamento a serem usados durante o nascimento, bem como nas semanas que precedem o parto. Há inúmeros testemunhos de mães felizes que descrevem como o seu trabalho de parto e o processo do nascimento foram enormemente facilitados quando acompanhados de música.

Nos hospitais para doentes mentais, a música está sendo usada para ajudar as pessoas a tecerem novamente a tela esgarçada de suas vidas. A terapia por música é útil para sumarizar a vida e preparar para a morte. Ajuda também as pessoas a suportarem a dor de perder um ente querido.

Como a música é aplicada

No começo da década de 1970, os aparelhos de cassete eram relativamente novos. Destinavam-se a gravar a voz falada e produziam som de má qualidade, especialmente quando se tratava de música. Entretanto, os pacientes os levavam para o hospital. E por pior que fosse a fidelidade do som, a música parecia funcionar para eles.

Agora, com o aparecimento de sistemas de som individuais e fones de ouvido, os pacientes podem mergulhar na música. Podem ter o prazer de ouvir som de alta qualidade sem perturbar os vizinhos.

Em alguns hospitais os sistemas de alto-falantes transmitem programas especiais de música relaxante, permitindo que seja ouvida em todas as suas seções.

Considerando esse fato, criei vários programas de fitas long-play, que contêm até oito horas de música relaxante contínua. São especialmente destinadas a situações de longa duração, como operações demoradas, trabalho de parto ou recuperação pós-operatória.

A natureza excepcional desta música "Anti-Frantic" é de tal ordem que não se pode lembrar dela completamente e nem reconhecê-la. Evita a estrutura identificável da maioria das músicas tradicionais; portanto, por mais que seja ouvida, é sempre como se fosse pela primeira vez.

Música Rx

A musicoterapeuta Helen L. Bonny, fundadora do Instituto para Conscientização e Música, também criou um conjunto de programas gravados em fitas, chamados *Música Rx,* para serem usados em uma grande variedade de ambientes hospitalares.

Seus programas utilizam a música de compositores clássicos como Bach, Haydn, Tchaikovsky, Mendelssohn, Vivaldi, Respighi, Vaughn-Williams, Marcello, Dvorak, Debussy, Massenet, Bizet e Britten.

Baseando-se em pesquisas e testes, ela organizou programas musicais destinados a criar a "redução do *stress,* uma diversão agradável para acalmar o estado de espírito".

Música Rx é um produto da pesquisa realizada pela Dra. Helen Bonny durante 15 anos. Estudando os efeitos da música no corpo e nas emoções, ela trabalhou com pacientes normais e pacientes psiquiátricos, bem como doentes de câncer hospitalizados e viciados em drogas.

O interesse no uso da música para pacientes hospitalizados foi o resultado de sua própria experiência como paciente de deficiência coronária durante anos. Seus primeiros testes para os programas de *Música Rx* foram aplicados nela mesma.

Música Rx foi testada em dois longos projetos-piloto de seis meses em dois hospitais, o Jefferson General Hospital, Port Towsend, Washington e o St. Agnes Hospital, Baltimore, Maryland. O projeto, que incluía as respostas dos pacientes e das enfermeiras, concentrou-se nas unidades de tratamento intensivo.

Os resultados demonstraram redução significativa do ritmo cardíaco nos pacientes depois de terem ouvido os programas. Os índices psicológicos mostraram efeitos positivos na diminuição da depressão e ansiedade, bem como no alívio da dor.

As enfermeiras fizeram relatórios sobre as respostas de pacientes, como queda da pressão e do pulso, respiração regular, olhos fechados, músculos relaxados e sono. Para alguns, a música trazia lembranças agradáveis e contribuía para estados de espírito positivos.

Com a música tocando nos fones de ouvido dos pacientes, era mais fácil para as enfermeiras a mudança das agulhas de soro endovenoso, passar o paciente de uma cama para outra, ou colocar os pacientes no respirador.

O Dr. Richard R. Lynn, diretor da unidade coronariana do Jefferson General Hospital, comenta: "Acrescentou um elemento de *humanidade* num ambiente por natureza mecânico e estéril".

Música e medicina hoje

"Em toda a história", escreve o Dr. David E. Bresler, em *Free Yourself from Pain,* "a música tem sido incorporada em muitos rituais de cura. Estudos científicos recentes demonstraram que a música equilibra o metabolismo do corpo, a atividade muscular e a respiração. Influencia também a velocidade do pulso e a pressão sangüínea, além de minimizar os efeitos da fadiga. Outros estudos sugerem que a música pode até mesmo diminuir o colesterol na corrente sangüínea".

Se o som e a música são tão eficazes para intensificar a cura, por que não são usados com maior freqüência?

Existem várias razões. Uma é que os alunos das faculdades de medicina recebem pouca ou nenhuma informação sobre os efeitos terapêuticos do som e da música.

Infelizmente, muitos estudantes de medicina aprendem que qualquer forma não ortodoxa de cura é mero curandeirismo.

O Dr. Robert Mendelsohn, no seu livro, *Confessions of a Medical Heretic,* sugere que a falta de interesse nas modalidades alternativas de cura é produzida pela determinação da medicina organizada em manter controle político e o monopólio. Note-se que algumas das modalidades de cura severamente atacadas pela Associação Médica Americana (AMA) na última década foram a quiropráti-ca, acupuntura, o uso de complementos vitamínicos e terapia megavitamínica, terapias de luz e cor, e os curadores psíquicos e nativos.

Mas a AMA não fala por todos os seus membros. Alguns deles fazem pesquisas "holísticas" individuais, sem chamá-las pelo nome.

Estamos testemunhando também um novo fenômeno. Muitos médicos tornaram-se membros da Associação Médica Holística Americana (AHMA), fundada e organizada no fim da década de 70 pelo Dr. Norman Shealy. Os médicos da AHMA estão incorporando abertamente na sua prática uma ampla série de modalidades curativas alternativas, incluindo a música.

CURA NATURAL
Mark Bricklin
Formato: 16 x 23
604 páginas
Círculo do Livro
São Paulo
1983
(Ver pág. 126)

Musicoterapia

MARK BRICKLIN

Quase todos nós estamos familiarizados com o relaxamento e o descanso emocional que tocar ou ouvir música pode proporcionar. Mas algo muito diferente é empregar a música para fins específicos de saúde.

Ao pensar no assunto, talvez você lembre de ocasiões em que a música o ajudou a esclarecer alguns problemas psicológicos ou a dormir mais depressa. Quando minha filha era pequena e cultivava um dos seus *hobbies* favoritos — chorar — ela era invariável e rapidamente tranqüilizada quando eu a deitava na cama e colocava na vitrola uma grandiosa sinfonia de Beethoven. Quando meu filho começava a berrar, conseguíamos sempre acalmá-lo carregando-o no colo e andando de um lado para o outro ao som alto da música rock que tocava no rádio.

Mas, ao analisarmos a literatura médica, é surpreendente encontrar tantos exemplos de melhora concreta de algumas situações clínicas sérias que pode ser obtida com a musicoterapia. Embora a aceitação pela medicina desse tipo de terapia tenha aumentado de forma notável nesta última década, não existe nada de especialmente novo em relação à cura pela música.

No século VI a.C., Pitágoras considerava a música e a dieta os dois principais meios de limpar a alma e o corpo e manter a harmonia e saúde de todo o organismo. Mil anos mais tarde, na Europa cristã, a medicina e a música estiveram intimamente ligadas quando a Igreja assumiu os cuidados dos doentes e usou o cântico de orações como meio de terapia. E a música e a dança têm sido usadas como parte das artes curativas dos chamados povos primitivos em todo o mundo, há milhares de anos. De fato, a dança tribal periódica e ritualizada é tão comum em todo o mundo, com ou sem doença, que não se pode exagerar sua importância. É até mesmo muito provável que a dança vigorosa praticada por muitos povos durante muitas horas seja altamente eficiente em desenvolver os músculos (observe o balançar de cabeça que acompanha a maioria das danças tribais), proporcionando um valioso exercício para os que dele necessitam, induzindo um profundo relaxamento mental e físico e unindo os participantes em um contato social mais íntimo.

A musicoterapia no tratamento da asma

Parece que hoje a maioria dos médicos está mais interessada em doenças do que na saúde total do indivíduo (quanto menos na saúde da unidade social!), assim é natural que a pesquisa sobre musicoterapia se concentre em suas aplicações a condições de doenças específicas. Um dos relatos mais impressionantes é o do dr. Meyer B. Marks, cujo trabalho o levou a recomendar que crianças asmáticas sejam incentivadas a tocar instrumentos de sopro quando entram para o 1º grau escolar. O dr. Marks, diretor da Clínica de Alergia Pediátrica do Jackson Memorial Hospital. Miami, Flórida, diz que tocar um instrumento como clarinete ou oboé melhora a função pulmonar de uma criança asmática e reduz o progresso da doença.

Um estudo de dois anos de trinta crianças asmáticas entre as idades de oito e catorze anos revelou, diz ele, que as quinze que tocavam instrumentos de sopro apresentavam uma acentuada melhora clínica — física e mental — sobre as outras quinze. A capacidade dos seus pulmões e outros sinais de saúde pulmonar apresentaram uma evidente melhora. Houve uma redução visível na deformidade conhecida como tórax em barril em cinco crianças que tocavam seus instrumentos com maior aplicação. Uma condição conhecida como *pectus carinatum* (peito de pombo), na qual o esterno é exageradamente saliente, desapareceu quase completamente em dois meninos após alguns anos de prática do instrumento. Uma observação a longo prazo de uma menina de doze anos com um caso de asma severa e um esterno achatado revelou que seis anos mais tarde — ao se tornar música na Universidade de Miami — ela já não apresentava qualquer deformidade visível do tórax e sua asma já não podia ser considerada incapacitadora.

Um trabalho anterior realizado no National Jewish Hospital, de Denver, Colorado, demonstrou que quando crianças asmáticas participam de atividades musicais regulares, elas aumentam a resistência, desenvolvem a força muscular e melhoram sua postura e seu controle respiratório. As crianças menores começam participando de brincadeiras como cirandas às quais o professor introduz ritmos variados. Uma vez adaptadas a esses ritmos elas passam a brincar com tambores, xilofones e instrumentos semelhantes. Além dos aspectos de saúde do programa, essas crianças com doenças crônicas estão aprendendo também que são capazes de criar, realizar e competir com outras crianças, apesar da doença.

Música para mentes conturbadas

A enfermidade mental talvez seja a área médica que melhor tenha usufruído da musicoterapia. Este sucesso parece estar relacionado ao fato de que a música pode oferecer o único meio seguro e aceitável de comunicação para uma pessoa emocionalmente enferma. Como a música é um meio não-verbal de comunicação, ela pode ajudar a pessoa a liberar sentimentos e emoções há muito reprimidos. A terapia pode tomar qualquer forma necessitada pelo indivíduo. Ele pode tocar um instrumento, analisar ou discutir música ou envolver-se em movimentos físicos como os da dança. Existem numerosos relatos na literatura científica de casos de pacientes que responderam muito bem à musicoterapia. Paul Nordoff, diretor de música do Departamento de Psiquiatria Infantil da Universidade de Pensilvânia, publicou em 1965 o livro *Music Therapy for Handicapped Children* (Rudolf Steiner Publications, Fort Lee, N. J.), no qual relaciona numerosos casos em que simplesmente incentivando crianças perturbadas a bater tambor enquanto ele (Nordoff) tocava piano obteve bons resultados. Crianças autistas e com outros distúrbios mentais responderam bem quando esta forma de musicoterapia foi acrescentada ao seu tratamento geral.

O simples fato de *ouvir* música pode produzir notáveis efeitos terapêuticos. Em 1964 a imprensa médica informou que um ginecologista holandês, o dr. T. L. A. De Bruine, usava música clássica para ajudar mulheres nervosas e assustadas a superar o medo e a dor durante o parto. Após experimentar diferentes tipos de música, o dr. De Bruine descobriu que a música clássica — do tipo melodioso e sereno — era a que mais estimulava a paciente a entrar num mundo de fantasia que a afastava de uma situação assustadora. Para superar a sensação de fadiga, era usada ocasionalmente uma música com caráter rítmico.

O dr. De Bruine diz que seu repertório consistia das seguintes peças: *Abertura de Egmont* e *Sinfonia Pastoral* de Beethoven; *Eine Kleine Nachtmusik*, de Mozart; as *Polonaises*, de Chopin, assim como seus prelúdios e mazurcas; a *Rapsódia Húngara nº 2* de Liszt; a *Sinfonia nº 8* de Beethoven (apenas as duas primeiras partes); e o concerto *Brandenburgo nº 2* de Bach. Segundo o dr. De Bruine, a musicoterapia revelou-se eficaz em pelo menos quatro de cada cinco casos; mas ele lembra que a terapia não foi usada em todos os casos — apenas em situações em que a mulher começava a chorar, ficava muito inquieta ou sentia muita dor. A música era usada nesses casos em lugar do sedativo.

Curiosamente, existem casos raros em que a música pode prejudicar uma pessoa. Mas também nesses casos a cura é a música, usada numa espécie de processo de descondicionamento. Em 1965, o dr. Francis M. Forster, do Departamento de Neurologia do Centro Médico da Universidade de Wisconsin, em Madison, relatou um caso interessante de epilepsia musicogênica — um ataque provocado pela música. O tipo de música que provoca o ataque varia de pessoa para pessoa. No caso relatado pelo dr. Forster, a música "nociva" foi o tipo de música popular sensual da metade da década de 30, derivada da música de Debussy e Sibelius. Neste caso, já fazia dezoito anos que o paciente tinha ataques quando exposto a um tipo de música. Os ataques não eram ataques epilépticos completos, o paciente experimentava a aura pré-epiléptica que "consistia em dormência e formigamento generalizado e o fenômeno do *déjà vu*". Os padrões elétricos do cérebro também tornavam-se acentuadamente anormais quando a exposição à música era suficientemente longa; às vezes ocorria "um ataque do tipo psicomotor".

Com o objetivo de curar o paciente, o dr. Forster começava tocando versões muito simples da canção *Stardust* e prosseguia tocando a música em muitas combinações de instrumentação, acrescentando gradativamente o elemento sensual que tanto perturbava o paciente. Finalmente, após inúmeras versões e repetições, o paciente ficava completamente dessensibilizado e podia ouvir qualquer tipo de música sem perder o controle.

Um outro tipo de uso da música foi descrito num artigo publicado na revista *Dental Abstracts*, em 1965. Dois grupos de vinte pacientes ortodônticos com idades que variavam entre dez e 22 anos foram estudados para se determinar os efeitos da música de fundo sobre suas tensões emocionais enquanto eram tratados pelo ortodontista. Um grupo foi submetido a tratamento de maneira convencional, enquanto o outro grupo ouvia música de fundo durante o tratamento. De acordo com a resposta galvânica da pele, que mede a tensão emocional, o grupo tratado com música estava muito mais relaxado do que os que só ouviam o som da respiração do dentista. O tipo de música indicado é a música baixa e monótona.

O PODER OCULTO
DA MÚSICA
David Tame
Formato: 13 x 19
336 páginas
Editora Cultrix
Tel.: (011) 63-3141
São Paulo
(Ver pág. 128)

A Música, o Homem e a Sociedade

DAVID TAME — CULTRIX

Num canto: os antigos e tradicionalistas; a convicção de que a música afeta o caráter e a sociedade, e que, portanto, ao artista cabe a obrigação de ser responsavelmente moral e construtivo, e não imoral e destrutivo. No outro canto: os materialistas, repudiando a responsabilidade e a necessidade de julgamentos de valor, não dando atenção ao resultado dos seus sons. O segundo campo contém não só a vanguarda radical, mas também toda a massa de músicos muito mais populares e culturalmente significativos do jazz e do rock.

Quem, então, está certo? Da resposta talvez dependa todo o futuro da música e da civilização. Já é tempo de fazermos uma circunstanciada apreciação da questão crucial. Os padrões da vida seguem, ou não, os padrões da música? Este capítulo há de ser uma arena da qual apenas uma das duas filosofias contrárias pode emergir intacta.

Até que ponto eram válidas as crenças dos antigos? Que provas modernas e científicas existem para apoiar-lhes o conceito do poder objetivo da música? Examinemos, cada qual por sua vez, neste capítulo, as questões da possível influência da música sobre o corpo físico, as emoções, a mente e a sociedade em geral.

A música e o corpo físico

À pergunta: "A música afeta

o corpo físico do homem?" a pesquisa moderna replica de maneira claramente afirmativa. É difícil encontrar uma única fração do corpo que não sofra a influência dos tons musicais. As raízes dos nervos auditivos estão mais amplamente distribuídas e possuem conexões mais extensas que as de quaisquer outros nervos do corpo (fato esse que pode ter profunda significação interior). Mostrou a investigação que a música influi na digestão, nas secreções internas, na circulação, na nutrição e na respiração. Verificou-se que até as redes nervosas do cérebro são sensíveis aos princípios harmônicos.

O corpo é afetado de acordo com a natureza da música cujas vibrações incidem sobre ele — constatação muito real e física do aforismo *como na música, assim na vida!* Descobriram os pesquisadores que acordes consonantes e dissonantes, intervalos diferentes e outras características da música exercem todos um profundo efeito sobre o pulso e a respiração do homem — sobre a sua velocidade e a regularidade ou irregularidade do seu ritmo. A pressão sangüínea é abaixada pelos acordes ininterruptos e elevada pelos acordes secos, repetidos.

Constatou-se que a tensão da laringe sofre a influência de melodias, contraindo-se, por exemplo, durante uma série descendente de acordes. Como a laringe é muito sensivelmente influenciada pela corrente constante das emoções e dos processos mentais do homem, suas reações à música talvez indiquem o que é basicamente um efeito da música sobre a psique. Vemos, portanto, que a música afeta o corpo de duas maneiras distintas: diretamente, como o efeito do som sobre as células e os órgãos, e indiretamente, agindo sobre as emoções, que, depois, por seu turno, influenciam numerosos processos corporais. Como indica o efeito indireto dos tons sobre a laringe, as melodias provocam a ocorrência de uma longa história de tensões e relaxações em muitas partes do corpo. Se o músico estiver tocando o seu instrumento, poder-se-á dizer também que ele está "tocando" o corpo e a mente do público.

Nos estudos em torno dos efeitos dos estímulos sonoros sobre os músculos do esqueleto, o Dr. Tartchanoff descobriu que:

1) A música exerce poderosa influência sobre a atividade muscular, que aumenta ou diminui de acordo com o caráter das melodias empregadas.

2) Quando é triste ou o seu ritmo é lento, e em tom menor,

a música diminui a capacidade de trabalho muscular a ponto de interrompê-lo de todo se o músculo estiver fatigado por um trabalho anterior.

A conclusão geral é que os sons são dinamogênicos ou de que a energia muscular aumenta com a intensidade e a altura dos estímulos sonoros. Constatou-se que tons isolados, escalas, motivos e simples seqüências tonais exercem um efeito energizante sobre os músculos.

Outro efeito possível da música sobre o corpo é descrito por Bob Larson, antigo guitarrista de rock, que desistiu de tocar depois que se tornou cristão. Escreve Larson:

"Os doutores Earl Flosdorf e Leslie A. Chambers descobriram, numa série de experiências, que sons agudos projetados num meio líquido coagulam proteínas. Recente mania de adolescentes consistia em levar ovos frescos a concertos de rock e colocá-los à beira do palco. No meio do concerto, os ovos podiam ser comidos cozidos como um resultado da música. Surpreendentemente, poucos afeiçoados do rock perguntavam a si próprios o que a mesma música poderia causar-lhes aos corpos."

Convenhamos em que este não é o mais apetitoso dos pensamentos. Estará alguém a favor de roqueiros com características de ovo cozido?

E já que falamos em música popular moderna e na grande ênfase que dá ao ritmo rápido, alto e sincopado, vale a pena lembrar que o ritmo da música exerce fortíssima influência sobre as batidas cardíacas, tendendo a ajustá-las, de certo modo, a si mesmo. E visto que os jovens ouvem música de rock durante horas e horas toda semana, estremecemos ao imaginar o efeito que ela pode ter-lhes sobre a saúde e a duração da vida; não há dúvida de que o coração também pulsa com rapidez e forças desnaturais enquanto a música está sendo ouvida. Síncopes musicais também se refletem em síncopes, ou ênfase desnatural, das pulsações do coração. Verificou-se experimentalmente que os ritmos irregulares do jazz e do rock tiram das batidas do coração o seu ritmo perfeito. Revelou a pesquisa que a música de rock faz mal à digestão; é igualmente perigosa enquanto a pessoa está dirigindo automóvel. Além disso, uma vez que o rock eleva a pressão do sangue, é nocivo em casos de hipertensão preexistente. E já que as pulsações cardíacas, por sua vez, afetam o estado de espírito e as emoções da pessoa, estes também sofrem a influência dos ritmos de rock, aumentando-se a tensão e a desarmonia do espírito. O ritmo, com efeito, nos atinge não só o corpo, a mente e as emoções, mas até o subconsciente. Quem já não terá percebido de repente que sua perna se move ao compasso de alguma música de fundo enquanto a mente consciente se acha inteiramente dirigida para outro lugar?

Chegou-se à conclusão de que os ritmos mais harmoniosos e saudáveis, conforme os seus tempos, são estimulantes ou sedativos eficacíssimos e, naturalmente, muito mais benéficos, a longo prazo, do que substâncias tóxicas, capazes de gerar dependência, como o Valium. Conta-nos Julius Portnoy:

"a música pode, positivamente, modificar o metabolismo, afetar a energia muscular, elevar ou diminuir a pressão sangüínea e influir na digestão. E pode fazer todas essas coisas com maior sucesso e de maneira bem mais agradável do que quaisquer outros estimulantes capazes de produzir as mesmas alterações em nosso corpo".

O fato de o ritmo nos agitar ou acalmar parece depender, em primeiro lugar, da maneira com que a frequência de suas batidas se relaciona com a pulsação cardíaca normal de 65-80 batimentos por minuto. Um tempo que tenha, mais ou menos, um ritmo igual ao da pulsação cardíaca normal nos acalma, como se o nosso corpo pensasse consigo só: "Ah, está bem, estamos ambos em uníssono. De fato, se você levar a mão ao coração enquanto estiver ouvindo uma música assim, verificará que o coração tende rapidamente a corrigir qualquer discrepância do seu tempo, até atingir perfeita afinação com a música. O ritmo mais lento do que a pulsação cardíaca, entretanto, gera tensão, como se o corpo se estivesse preparando para a súbita aceleração da cadência musical até a cadência normal do coração. ("A qualquer momento agora... a qualquer momento agora") No extremo oposto da escala, os ritmos acelerados elevam o ritmo das pulsações do côraçao e, portanto, a excitação emocional. Qualquer pessoa pode pôr à prova esse fato, uma vez que não há nele nada de sutil. Sentado em silêncio numa cadeira, como se estivesse ouvindo música de ritmo comum, conte o número de suas batidas cardíacas por um minuto. Depois, ligue o aparelho de som para tocar uma música rápida e, depois de um ou dois minutos, conte de novo as pulsações cardíacas por minuto.

Visto que o ritmo acelerado libera na corrente sangüínea substâncias químicas que excitam o organismo, pode dizer-se que essa música dá um "chute". Quando uma pessoa jovem está acostumada a ouvir música rápida de rock certo número de horas por dia, esses chutes se convertem literalmente numa forma de dependência, e o jovem experimenta uma sensação de vazio quando, por uma razão qualquer, não pode ouvir a música durante prolongado período de tempo. Se bem que não tenha chega do ao conhecimento do autor nenhuma pesquisa empreendida sobre o assunto, também parece provável que o ritmo cardíaco dessas pessoas seja mais rápido que o de outras até durante o dia, mesmo que não estejam ouvindo a tal música. A ser assim, isso deveria ter graves implicações para a saúde física e emocional.

Em parte, o poderoso efeito produzido por ritmos diferentes sobre nós talvez seja determinado pelo primeiro ritmo que ouvimos, a saber, a pulsação cardíaca de nossa mãe, ouvida por nós continuamente no transcurso dos meses que passamos em seu ventre. Numa experiência dirigida pelo Dr. Lee Salk, num berçário de hospital, tocou-se, para recém-nascidos, um disco em que haviam sido gravados os batimentos cardíacos normais. A maioria dos bebês acalmou-se e dormiu. Em seguida, o Dr. Salk fez ouvir a pulsação cardíaca acelerada de uma pessoa excitada. As duas gravações foram tocadas no mesmo volume mas, quando se tocou a segunda, todos os bebês despertaram, quase todos tensos e alguns chorando.

Um efeito insólito e menos comum da música é a misteriosa doença da melodia conhecida pelo nome de epilepsia musicogênica. Algumas de suas vítimas têm sido atormentadas a ponto de suicidar-se ou de matar. Setenta e seis casos dessa doença foram documentados, mas existem, sem dúvida, muitos outros pacientes que simplesmente não se dão conta da origem do problema e não receberam tratamento específico. Em cada caso documentado o paciente experimentou ataques provocados por certos tipos de música, embora a música causadora fosse diferente nos diferentes casos.

Um desses casos ocorreu com uma mulher britânica de 39 anos de idade que se sentia ansiosa e transpirava abundantemente sempre que se tocavam certas músicas em lugares como o supermercado ou o bar local. A princípio, ela não estabeleceu conexão entre a música e os sintomas. Só sabia que, nesses lugares, o raciocínio se anuviava, e os lábios, as pálpebras e os dedos se crispavam convulsivamente. Em seguida, perdia a consciência. Só com o passar do tempo veio a ligar os ataques à música de fundo. A mulher foi examinada pelos neurologistas Peter Newman e Michael Saunders, que tentaram produzir um ataque em condições controladas. Tentaram-se vários tipos de música, tais como música de Gilbert e Sullivan, o *Messias* de Handel e a *Nona Sinfonia* de Beethoven, mas sem nenhum resultado. Só quando tocaram um compacto simples dos Dooleys, intitulado "I Think I'm Gonna Fall in Love With You",[1] ocorreu o ataque. (Pelo som do título, singularmente original, ele teria provavelmente o mesmo efeito em alguns entre nós!)

Mas se apenas 76 pessoas, segundo se constatou, vieram a sofrer de epilepsia musicogênica, o mesmo não se pode dizer de outros aspectos desafortunados de alguns tipos de música. Tome-se um dos elementos mais fundamentais da música moderna — o volume. O som mede-se em decibéis, e acretitam os entendidos que todo som de 90 ou mais decibéis põe em perigo a saúde humana. Ora, verificou-se que a taxa média de decibéis no meio dos salões de baile é pouco inferior a 110. Defronte da orquestra essa média sobe, muitas vezes, para 120 decibéis. Lembram-se da proteína coagulada? Se, depois de falar com um freqüentador assíduo de discotecas e locais semelhantes, o leitor descobrir que a resposta não lhe chega de forma muito inteligível, isso talvez se deva a estar o cérebro do freqüentador de discotecas ainda calcificado pelos excessos auditivos da noite anterior.

Ou talvez a pessoa não possa ouvi-lo. O Departamento de Proteção Ambiental dos Estados Unidos descobriu que as atuais gerações de jovens padecem de problemas de audição que normalmente só se associam a pessoas de cinqüenta a sessenta anos de idade. A revista Time relatou que a perda permanente da audição entre afeiçoados do rock é um mal muito mais comum do que geralmente se imagina. (Agora, portanto, a história se esclarece. É por isso que a música das discotecas tem de ser tocada tão alto: quanto mais alto o volume, tanto mais degenera a audição, e quanto mais alto o volume ...)

Se os ouvidos de um fã do

[1] Acho que vou me apaixonar por você.

rock tiverem resistido até agora ao frenético martelar, é certo, apesar disso, que o corpo foi afetado internamente. Citando mais uma vez Bob Larson, o qual, depois de ter sido outrora músico de rock, está metido em campanhas contra a música:

"O hormônio adrenalina é lançado na corrente sangüínea durante o stress, a ansiedade ou experiência simulada de submeter-se alguém a um volume anormal de música Quando isso acontece, o coração bate célere, os vasos sangüíneos se constringem, dilatam-se as pupilas, empalidece a pele, e não raro o estômago, os intestinos e o esôfago são tomados de espasmos. Quanto o volume é prolongado os batimentos cardíacos tornam-se irregulares.

Um estudo feito durante três anos, com universitários e levado a efeito por pesquisadores do Instituto Max Plank, da Alemanha, revelou que 70 decibéis sistemáticos de barulho causam constrição vascular — particularmente perigosa se as artérias coronárias já tiverem sido estreitatas pela arteriosclerose.

E isso quando os decibéis são "apenas" 70; não devemos esquecer-nos de que o volume no salão de danças comum atinge cifras muito mais elevadas.

Em conclusão, podemos dizer que, até agora, no que concerne ao corpo físico, a noção de que a música não exerce efeito algum sobre o homem, ou de que ela é inofensiva, deve ser posta de lado por ser totalmente errônea.

A música e as plantas: algumas descobertas preliminares!

Que é que se pode dizer dos efeitos da música sobre a vida não humana? Os habitantes do reino animal por certo, não parecem impermeáveis à influência de tons, tanto harmoniosos como discordantes. Numa experiência realizada por psicólogos, deu-se a determinado número de ratos total liberdade de ação em duas caixas distintas, porém ligadas uma à outra. "Tocava-se" música em cada uma delas — Bach na primeira, rock na segunda. Embora todas as características das duas caixas fossem idênticas, exceto a música, os ratos passevam o tempo todo na caixa de Bach. Para pôr ainda mais à prova a pureza das condições experimentais, inverteu-se a música transmitida para as duas caixas; e, gradualmente, todos os ratos se mudaram para aquela em que antes se tocava rock. Está visto que uma experiência nessas condições não significa que os animaizinhos preferiam ou "compreendiam" Bach no mesmo nível em que um ser humano pode preferi-lo ou compreendê-lo, mas o resultado indica que, em determinado nível, o grau de prazer ou dor que os ratos experimentavam nas duas caixas pendeu em favor do mestre do Barroco.

Outros experimentos revelaram que certos tipos de música induzem galinhas a botarem mais ovos e vacas a darem mais leite (Stockhausen, de uma feita, visitou uma granja em que as galinhas botavam maior quantidade de ovos quando se tocavam, perto dos ninhos, trechos de O Danúbio Azul. Relembrando o incidente, mais tarde, ele mesmo comentou que a sua música teria provocado diarréia nas galinhas!) Existem também tradições muito antigas, de várias partes do mundo, segundo as quais músicas cantadas e músicas instrumentais favorecem o desenvolvimento de animais de fazenda.

A fim de obter os mais precisos e evidentes resultados dessas experiências, os cientistas voltam amiúde ao estudo das formas de vida mais primitivas. Na investigacão dos efeitos da música sobre a vida, realizaram-se alguns experimentos preliminares com plantas. Por paradoxal que possa parecer, o efeito da música sobre o reino vegetal primitivo é um dos métodos mais convincentes para provar que a música influi na vida, inclusive na vida humana. Pois as experiências levadas a cabo com seres humanos e, até certo ponto, com animais, têm o fator extra da mente para atrapalhar. Isso quer dizer que, se bem que se possa demonstrar que os homens ou os animais foram influenciados por tons, o efeito pode não ter sido direto nem objetivo. Ao contrário, o efeito sobre o corpo talvez tenha sido causado pela reação subjetiva da mente à música ouvida. No caso da pesquisa dos efeitos produzidos pela música sobre as plantas, no entanto, não se pode alegar que estiveram presentes fatores psicológicos. Se se puder demonstrar que a música afeta as plantas, tais efeitos terão de ser imputados, por força, à influência objetiva e direta dos tons sobre as células e os processos da forma de vida.

E tais resultados têm sido colocados à nossa disposição. Embora a pesquisa que relaciona a música às plantas ainda seja, em grande parte, um campo inexplorado e atraente para pesquisadores, algumas investigações preliminares já nos deram achados inequívocos.

Duas séries independentes de experimentações, uma realizada na União Soviética e outra no Canadá, descobriram que as sementes de trigo crescem mais depressa quando tratadas com tons. As mudas de trigo tratadas com som no Canadá, num ambiente laboratorial cuidadosamente controlado, cresceram três vezes mais do que as mudas não tratadas. As mudas soviéticas receberam tons ultrasônicos e, em resultado disso, germinaram mais depressa, mostraram-se mais resistentes à geada e produziram maior quantidade de grãos. Trata-se, obviamente, de descobrimentos de grandes possibilidades para aplicação prática no mundo.

Outra série de experiências expôs plantas aos brilhantes Concertos de Brandenburgo de Bach, com os quais eu mesmo realizei um experimento, a que aludi numa parte anterior deste livro. Os gerânios expostos aos Concertos de Brandenburgo cresceram mais depressa. Como interessante experiência colateral, outros gerânios não receberam os Concertos propriamente ditos, mas apenas suas freqüências dominantes. Esse grupo cresceu mais depressa do que um grupo para o qual não se transmitiu nenhum tipo de som, porém menos do que o grupo dos Concertos integrais. O que dá a entender que, se bem que os tons individuais da música de Bach exerçam certa influência regenerativa sobre a vida da planta, o efeito será maior se as freqüências forem tocadas na precisa e formosa ordem rítmica, melódica e harmônica em que Bach realmente as colocou. Realizaram-se também, de maneira semelhante, investigacões com bactérias. Averiguou-se que estas morrem quando certas freqüências são tocadas para elas, mas se multiplicam em resposta a outras.

Uma série intensiva de estudos realizados por Dorothy Retallack, de Denver, Colorado, patenteou os efeitos de diferentes espécies de música sobre uma variedade de plantas caseiras. As experiências obedeceram a rigorosas condições científicas, e as plantas foram conservadas dentro de amplos gabinetes fechados sobre rodas, em que a luz, a temperatura e o ar eram automaticamente regulados. Verificou-se que três horas diárias de um rock ácido, tocado através de um alto-falante ao lado do gabinete, tolhia o desenvolvimento de abóboras, filodendros e milho, e as danificavam em menos de quatro semanas.

A Sra. Retallack tocou a música das duas estações de rádio de Denver para dois grupos de petúnias. As estações de rádio eram a KIMN (estação de rock) e a KLIR (estação de música semiclássica). O Denver Post noticiou:

As petúnias que ouviram a KIMN recusaram-se a florescer. As que ouviram a KLIR produziram seis belas florescências. No fm da segunda semana, as petúnias da KIMN, inclinadas para longe do aparelho de rádio, mostravam um crescimento muito caprichoso. As florescências das petúnias que ouviam a KLIR inclinavam-se todas na direção do som. No espaço de um mês, todas as plantas expostas à música de rock morreram.

Em outra experiência, que durou mais de três semanas, Dorothy Retallack tocou a música de Led Zeppelin e Vanilla Fudge para um grupo de feijões, abóboras, milho, campainhas e cóleos; também tocou música atonal contemporânea de vanguarda para um segundo grupo; e, como controle, não tocou coisa alguma para um terceiro grupo. Dali a dez dias, as plantas expostas a Led Zepellin e Vanilla Fudge se inclinavam todas na direção oposta à do locutor. Três semanas depois, estavam definhadas e moribundas. Os feijões expostos à "nova música", inclinados 15 graus para longe do locutor, ostentavam raízes de tamanho médio. As plantas que permaneceram em silêncio possuíam as raízes mais compridas e tinham crescido mais do que as outras. Além disso, descobriu-se que as plantas para as quais se transmitiu uma música plácida, sacra, não somente cresceram duas polegadas mais do que as que permaneceram em silêncio, mas também se haviam inclinado na direção do locutor.

Os estudos acerca da relação entre a música e as plantas são cruciais pela razão já mencionada: presumindo-se que sejam bem controlados e de resultados precisos, são capazes de provar o que experiências feitas com seres humanos e animais dificilmente provarão: que os efeitos da música, objetivos, não dependem do precondicionamento subjetivo da psique. Lembremo-nos de que, além de acreditar que a música afeta o corpo, as emoções e o espírito do homem, os antigos também afirmavam que o poder da música é objetivo e não subjetivo. Ou seja, afirmavam que tipos diferentes de música são inerentemente bons ou inerentemente maus; que certas combinações de tons são objetivamente intensificadoras da vida e possuem uma natureza evolutiva, ao passo que outras se revelam malsãs e perigosas. A ser verdadeira a crença dos antigos (e o trabalho da Sra. Retallack dá a entender que é esse mesmo o caso), isto será um fato de vital significação. Os músicos modernos já não poderão proclamar que a música é uma questão de "gosto", ou que ao músico deve ser concedido o direito de tocar o que bem entende. De mais a mais, esses tipos de música, objetivamente bons ou objetivamente maus, talvez nem sempre se conformem com as próprias simpatias e antipatias subjetivas das pessoas. Visto que todos os tipos de música são apreciados por alguns indivíduos e desapreciados por outros, é logico que haverá casos em que uma música, embora objetivamente má, seja "apreciada" por determinado segmento mal orientado da sociedade. A pesquisa sobre música e plantas, portanto, corroborando os sábios ensinamentos dos antigos acerca do poder objetivo da música, aparentemente desaprova todo o ponto de vista contemporâneo, hedonístico e anárquico, sobre a arte. Em suma, parece oferecer-nos uma base científica a partir da qual se pode construir uma estética permanente e inflexível da música. Permanente e inflexível porque os verdadeiros princípios estéticos não são subjetivos, senão, como já observamos no capítulo anterior, universais. A boa música ainda será boa mesmo que não haja nenhum ouvinte humano, pois ainda há dentro dela uma força doadora de vida.

A pergunta sobre o que constitui a música boa ou má pode ser respondida com dez palavras apenas: a boa música dá vida; a música má dá morte. Há mais coisas a respeito da vida e da morte do que os dois lados do túmulo: todo momento de música a que nos submetemos pode estar intensificando ou consumindo nossas energias vitais e nossa clareza de consciência, pouco a pouco. Do ponto de vista dos antigos sábios chineses, o fato de indivíduos estarem hoje "gostando" da música má e destrutiva, ou "apreciando-a", ao mesmo tempo que são incapazes de apreciar ou compreender a música genuinamente boa, seria explicado por se haverem tais indivíduos "afinado" pelos padrões tonais errados, perdendo simultaneamente a afinação com a Realidade e os princípios universais.

Citemos as próprias palavras de Dorothy Retallack: "Se a música de rock tem um efeito desfavorável sobre as plantas, não será essa mesma música, ouvida durante tanto tempo e com tanta freqüência pela geração mais jovem, parcialmente responsável pelo seu comportamento irregular e caótico?"

E: "Poderiam ser os sons discordantes que ouvimos nestes dias a razão por que a humanidade está ficando cada vez mais neurótica?"

O Dr. T. C. Singh, chefe do Departamento de Botânica da Universidade de Annamalia, na Índia, também dirigiu pesquisas sobre os efeitos da música nas plantas. E descobriu não só que a constante exposição à música clássica faz que as plantas cresçam duas vezes mais depressa do que normalmente crescem, mas também acabou descobrindo o que parecia ser uma das principais causas desse crescimento acelerado. Averiguou o Dr. Singh que as ondas sonoras de um instrumento musical provocam aumento de movimento do protoplasma celular. Em outro teste, fez-se soar um diapasão a seis pés (1,80m) de distância de uma planta, o que também ocasionou movimentos em seu protoplasma. (O protoplasma é o material básico de que é feita a vida de todas as plantas, animais e seres humanos.). Aqui nos ocorre toda a sorte de opções curiosas para novos estudos nesse campo. Verificar-se-ia, porventura, que o protoplasma se movimenta a velocidades diferentes quando soam diapasões de tons diferentes? Haveria distinção entre notas maiores e menores? Certos instrumentos inibem o crescimento, sem levar em conta o que tocam? Nos experimentos do Dr. Singh, verificou-se que o violino, dentre todos os instrumentos, é o que mais intensifica a vida. De um modo geral, as características intensificadoras da vida, como resultado da música, patentearam-se no bálsamo, na cana-de-açúcar, nas cebolas, no alho, nas batatas-doces e em outras plantas além dessas.

Talvez o mais interessante e significativo de todos os descobrimentos do Dr. Singh foi que gerações ulteriores das sementes de plantas estimuladas musicalmente eram portadoras de traços aprimorados, como tamanho maior, maior número de folhas e outras características. A música modificara os cromossomos das plantas! Presumivelmente o mesmo efeito pode resultar, em sentido negativo, da música má. A possível importância desse descobrimento para o reino humano é manifesta e não pouco perturbadora.

A música, a mente e a emoção

Tão reais e abertas ao uso prático são as influências psicológicas da música que a arte tem sido empregada, no transcorrer dos séculos, na produção de efeitos emocionais e mentais. Desde os tempos mais remotos, pescadores, ceifeiros e outros trabalhadores têm cantado em uníssono a fm de inspirar-se para obter o máximo rendimento do trabalho. Pode notar-se que, com o aparecimento do rádio, essa prática básica não cessou, mas simplesmente se ajustou: pesquisadores científicos descobriram que a música melodiosa, animada, ouvida na fábrica, aumenta consideravelmente a produtividade.

Paradoxalmente, uma forma de música utilizada por muito tempo na obtenção de efeitos práticos tem o duplo resultado de inspirar um grupo de pessoas e, ao mesmo tempo, infundir medo em outro. Referimo-nos à música marcial, usada desde o alvorecer da história, muitas vezes com resultados devastadores no campo de batalha. Tão eficazes se revelaram na guerra bandas de tambores, corneteiros e semelhantes, que os inimigos derrotados, reconhecendo haver a música marcial dos vencedores representado um grande papel na sua derrota, adotaram uma música idêntica ou semelhante para si — ainda que sua forma e estilo particulares fossem, não raro, totalmente alheios aos seus próprios antecedentes culturais! Como exemplo disso, basta-nos referir o que sucedeu aos primitivos Cruzados, que, derrotados pelos sarracenos, adotaram os tons marciais dos árabes e, em resultado disso, voltaram a alcançar vitórias em suas campanhas. Em nossos tempos, visto que a própria forma de guerra foi alterada, já não existe papel para os músicos nos campos de batalha; mas o uso cada vez maior de canções patrióticas e inspiradoras de liberdade e honra ainda se revelou grandemente benéfico para as forças às vezes desmoralizadas ou apáticas da Aliança Ocidental, aboletadas na frente européia ou nos Estados Unidos.

As influências psicológicas da música são quase infinitamente variadas. O homem, em especial, sempre se voltou para a beleza da boa música como fonte de bálsamo e alegre inspiração moral. Sabia Shakespeare que a boa música:

... can minister to minds diseased,
Pluck from the memory a rooted sorraw,
Raze out the written troubles of the brain,
And with its sweet, oblivious antidote,
Cleanse the full bosom of all perilous stuff

Which weighs upon the heart.[2]

Quem pode duvidar de que a música afeta nossas emoções? E por certo verdadeiro que só ouvimos música, em primeiro lugar, porque ela nos faz sentir alguma coisa Mas isto agora é deveras interessante, pois se a música nos proporciona sentimentos, podemos dizer que tais sentimentos — de inspiracão moral, alegria, energia, melancolia, violência, sensualidade, calma, devoção, e assim por diante — são experiências. E as experiências que temos na vida constituem um fator vitalmente importante no moldar-nos o caráter.

Realizaram os psicólogos diversos estudos para descobrir exatamente o que nos determina o caráter — quão inteligentes somos, quais são nossas habilidades particulares, se somos civilizados em nosso proceder ou rebeldes e destrutivos, etc. Nenhum projeto ou experimento psicológico sério sobre esse tópico deixou de concluir que as experiências da vida desempenham importantíssimo papel na modelação do caráter.

Dois fatores se relacionam com a formação do caráter. O primeiro é a experiência, que também pode ser denominada aprendizagem no sentido lato da palavra; o segundo consiste nos traços inatos, isto é, com os quais nascemos, e que os psicólogos acreditam ser geneticamente herdados. Todos concordam em que cada um desses fatores é importantíssimo. A única coisa com que os psicólogos não concordam são as porcentagens exatas da parte que cada fator representa na formação do caráter total. No caso de um traço importante de caráter, o QI, os estudos psicológicos revelaram que a experiência é responsável por uma grande proporção da nossa inteligência. A proporção exata a que os estudos chegaram tem dependido do tipo de dados analisados. Entretanto, as estimativas da extensão em que o ambiente determina o QI vão de 13 a 55 por cento. Seria assaz razoável inferir disso que a proporção real envolvida é aproximadamente de um terço. Os outros dois terços resultam da hereditariedade e de outros fatores inatos.

A seqüência lógica das conexões que desenvolvemos é a seguinte: a música é uma expe-

---

[2] ... prestar auxílio a mentes enfermas,/ Arrancar da memória uma tristeza arraigada, /Arrasar as ansiedades escritas do cérebro,/E com o seu doce e esquecedor antídoto,/Limpar o seio de todas as matérias perigosas/Que pesam sobre o coração.

riência; a experiência modela cerca de um terço do nosso caráter total, a julgar pelos estudos psicológicos; por conseguinte, parte dessa proporção dos nossos traços de caráter resulta da música que ouvimos. Em que pese a distância de vários milhares de anos que nos separa, vemo-nos hoje de mãos dadas com Confúcio! A música modela o caráter.

Basicamente, tudo ainda se reduz ao axioma: Como na música, assim na vida. Dilatando esse aforismo, verificamos que todos os psicólogos concordam realmente em que Como na EXPERIÊNCIA, assim na vida. Os pais se interessam por arte? Pode esperar-se, então, que os filhos também venham a interessar-se por arte. Os amigos são turbulentos? Tudo indica que a criança também pode tomar-se mais turbulenta. A criança vê músicos de rock pavonearem-se com orgulho na tela? Nesse caso, ela também poderá vir a pavonear-se com orgulho. Em estudos sucessivos, verificou-se que as crianças copiam o comportamento adulto que viram, quer ao vivo, quer na televisão. Bandura e Huston, por exemplo, levaram a cabo uma experiência em que se dividiam as crianças em dois grupos. Cada grupo via um adulto realizar uma variedade de atos insólitos e curiosos, ao mesmo tempo que as próprias crianças se entretinham com um problema de percepção. Cada grupo de crianças viu um conjunto diferente de atos efetuados pelos diferentes adultos; o adulto ora falava consigo mesmo, ora arrancava, com um puxão, uma bonequinha de borracha de uma caixa. Mais tarde, viram-se as crianças de cada grupo imitando os atos específicos que tinham observado.

A idade dessas crianças era a mesma das que, em milhões de lares na Grã Bretanha, todas as semanas, assistem na televisão a um programa denominado Top of the Pops. Não tendo visto esse programa por muitos anos, aconteceu-me ligar recentemente um aparelho de televisão — e vi o que fora feito do programa e da sua música. Homens e mulheres seminus dançavam sensualmente no meio de um pentagrama oculto, traçado no chão. Os homens usavam máscaras animais com galhadas e chifres. As músicas e suas letras (na medida em que se podiam discernir) eram complementares na lubricidade e na violência. E a gente chega quase a desejar que nunca tivesse tido conhecimento de estudos como os de Bandura e Huston...

Ao negarem o fato de tenderem a música e o comportamento dos músicos a modelar o caráter e o comportamento das pessoas, os materialistas, por implicação, estão tentando refutar todo o corpo de pesquisas psicológicas cuidadosamente documentadas, dirigidas e estabelecidas nos últimos decênios por centenas de pesquisadores responsáveis. Não somente a música, mas todas as formas de experiência dão forma ao modo como pensamos e procedemos. Tomemos por exemplo a televisão, que, nos tempos modernos, também veio a assumir poderoso império sobre a sociedade: de acordo com a Associação Nacional de Telespectadores e Ouvintes da Grã-Bretanha, existem hoje nada menos do que seiscentos peças de estudos científicos que demonstraram a existência de um elo entre a violência televisada e a violência social.

As experiências influem em nosso caráter no correr de toda a nossa vida, mas sua influência é particularmente vigorosa durante a infância e a adolescência, quando a personalidade ainda está tomando forma e é mais meleável. Não é à toa que se processa a aprendizagem nesses anos. Pode esperar-se, portanto, que a música seja particularmente poderosa na moldagem do caráter durante a infância e nos anos da adolescência.

A música codificadora

A força do efeito da música sobre o homem pode ser inferida de estudos circunstanciados feitos por psicólogos acerca dos efeitos de outros fatores ambientais que influem no homem. A linguagem é um deles, e particularmente semelhante à música por também envolver som, altura e ritmo. Existem indicações inequívocas de que a nossa língua nativa nos modela o caráter e o modo com que percebemos o mundo ao redor. Descobriram os pesquisadores que quando uma sociedade não possui uma palavra para indicar alguma coisa, essa alguma coisa se torna, frequentemente, incapaz de ser concebida ou identificada pela mencionada sociedade. Certas tribos africanas não contêm em sua língua as palavras indicativas de determinadas cores; daí que os membros dessas tribos não distingam as ditas cores, muito embora tenham olhos perfeitamente normais. Por outro lado, algumas sociedades, que possuem termos inexistentes em nossa língua, são capazes de distinguir o que nós não poderíamos esperar ver. Por ser o seu mundo de neve quase todo feito, visualmente, de branco e cinza claro, os esquimós possuem dúzias de nomes para dúzias de matizes diferentes entre o cinzento e o branco. Todos esses matizes nos parecem iguais, muito embora nossos olhos sejam tão bons quanto os deles. Tendo uma palavra para cada matiz, os esquimós são capazes de conceituar especificamente, mencionar, recordar e, portanto, perceber e reconhecer cada um deles. Por outro lado, os habitantes de Hanuóo não encontram dificuldade em distinguir entre noventa e duas variedades de arroz, visto que têm nome para cada uma das noventa e duas variedades.

Os psicólogos chamam codificabilidade a capacidade que tem uma palavra de referência de realçar as capacidades perceptivas e conceptuais do homem. As palavras de uma língua aclaram e codificam conceitos e fenômenos para nossas mentes e memórias. O processo, muito acentuado durante a infância, aumenta a capacidade intelectual da criança em estreita concordância com o seu domínio da linguagem. Como se as palavras proporcionassem os cálices de formato específico em que se podem verter nossos pensamentos, aliás vagos e fluidos.

Parece muitíssimo provável que tipos diferentes de música, ao dar-nos várias espécies de experiências emocionais — amor romântico, concupiscência, sentimentos religiosos, fervor patriótico, rebelião, etc. — também codificam tais sentimentos e suas várias tonalidades. Um estilo de música que nunca ouvimos antes, e agora ouvimos pela primeira vez, pode abrir nossas mentes para um sentimento ou um modo de enxergar o mundo inteiramente novos. Uma canção patriótica emocionante, em tempos de guerra, codifica, unifica e intensifica os pensamentos de uma nação inteira. E quando se combinam palavras com música, muitos conceitos podem ser codificados como nunca o foram até então. A palavra "Senhor" talvez não comova uma pessoa irreligiosa nem signifique coisa alguma para ela mas, ao ouvi-la em canções de ação de graças, essa mesma pessoa lhe poderá compreender e sentir o poder e a glória pela primeira vez.

A música codificou amiúde movimentos inteiros da vida humana virtualmente inexistentes até o surgimento do objeto de referência musical. Os primeiros compactos simples dos Beatles iniciaram a criação de uma subcultura inteira codificando-a em música. Alguns anos depois, o álbum Sgt. Pepper fez o mesmo.

Não será possível que a música, como a língua, nos dê uma estrutura de experiências emocionais e conceitos mentais tendentes a afeiçoar o modo com que encaramos o mundo? Não só é possível, mas também é exatamente esse o caso! E pode muito bem ser que a música, como outras experiências perceptivas, nos interesse de maneiras sumamente específicas, modelando nossa maneira de pensar em relação direta com os elementos específicos da música.

Em seu livro, *Music, Its Secret Influence Throughout the Ages,*[3] Cyril Scott proclamou sua crença em que a música de cada grande compositor do passado desempenhou um papel vital, alterando especificamente o espírito e o coração das pessoas da época, e pavimentando assim o caminho para a civilização qual hoje a conhecemos. Handel, por exemplo, nasceu num período em que a moral e a piedade se achavam em maré baixa na Inglaterra. Entretanto, os efeitos da sua música, sobretudo das suas obras devocionais, segundo Scott, inspiraram um redespertar do verdadeiro sentimento religioso, ao mesmo passo que o seu estilo, muito formal, provocou o aparecimento do formalismo e até do superformalismo da era vitoriana.

Scott cita dois tributos típicos ao respeito temeroso e à reverência invocados pelo *Messias* de Handel. O primeiro, da Quarterly Review, reza deste teor:

Sentimos, ao voltar de uma audição do *Messias,* como se tivéssemos alijado de nós um pouco da nossa sujeira e dos nossos detritos, como se o mundo estivesse menos conosco; nossos corações são elevados e, todavia, subjugados, como se o brilho de alguma ação ou a graça de algum nobre princípio houvesse passado sobre nós. Temos consciência de haver desfrutado um entusiasmo que não pode desencaminhar-nos, de ter provado um gozo que não emana da árvore proibida, por ser o único que, segundo nos prometeram, será transladado conosco da Terra para o céu.

A segunda citação é da biografia do Sr. Gregory pelo Rev. Robert Hall, e diz o seguinte:

"O Sr. Hall estava presente na Abadia de Westminster na comemoração de Handel. O Rei, George III, e sua família também haviam comparecido. A certa altura da apresentação do *Messias* (o coro da Aleluia) o

[3] A Música, sua influência secreta através dos séculos.

Rei se pôs em pé, sinal para que todo o público se levantasse; ele estava chorando. Nada, diz Robert Hall, jamais o comovera tão vigorosamente; dir-se-ia um grande ato de assentimento nacional às verdades fundamenteis da religião".

No que diz respeito ao estilo de Handel, o próprio Scott escreve sobre o que foi, no seu entender, o efeito subsequente do advento da era vitoriana na sociedade inglesa.

"Os que examinaram mais de perto a técnica de Handel observarão que ele tinha uma robusta predileção pela repetição dos acordes isolados, por duas ou mais frases de barra, e por seqüências, a saber: a reiteração de uma frase numa posição diferente ou num grau diferente da escala. Dessarte, pondo-se de lado o seu conteúdo emocional, a música de Handel era de caráter superiormente formal e, por conseguinte, de efeito formal. Se, todavia, combinarmos suas qualidades emocionais com o seu formalismo, e à repetição e à imitatividade musical — pois a seqüência não passa de imitatividade — acrescentarmos grandeza, o resultado líquido será a glorificação da repetição e da imitatividade; e se transladarmos tudo isso do plano da música para o da conduta humana, teremos a paixão ao formalismo exterior e a devoção ao convencionalismo.

A música comunicadora e multiplicadora de estados de consciência

Alguns filósofos — e até o músico ocasional — negam categoricamente que a música contém algum significado, seja ele qual for, afirmando serem os sons puramente abstratos. Contudo, o conteúdo emocional da música parece tão óbvio a quase todos nós que simplesmente lhe aceitamos a existência a priori. Certamente não há dúvida de que a música transmite estados emocionais muito reais e, às vezes, muito específicos do músico ou do compositor ao ouvinte. Eis por que, de tempos a tempos, os pensadores têm afirmado que a música é uma forma de linguagem. Na realidade, porém, a música é menos e mais, ao mesmo tempo, do que qualquer linguagem composta de palavras. As palavras são altamente específicas: seria difícil comunicar em pura forma tonal que "Jack telefonou: ele estará à sua espera às 15:45 ao pé da ponte no A45. Leve o seu relatório." Mas, por outro lado, conquanto possam ser específicas no nível mental, as palavras tendem a ser pouco mais do que transmissoras de informação. Embora todas encerrem alguma emoção, as palavras faladas tendem a ser meros símbolos da realidade, e o que é mais, meros símbolos de sentimentos internos reais. A música, todavia, transmite a própria essência emocional ou realidade da informação. Ouvir o *Messias* de Handel não é discutir religião intelectualmente; é sentir aquela estuante chama interior de devoção e identificar-se com ela. Nesse sentido, a música suplanta a linguagem. É a linguagem das linguagens. Pode-se dizer que, dentre todas as artes, nenhuma outra transmite com maior fidelidade o estado interior do artista; nenhuma outra move e muda mais vigorosamente a consciência.

Entretanto, se a música é assim capaz de mover e transformar os sentimentos interiores e o comportamento exterior do homem, o que é que exatamente determina o efeito que dada peça de música exerce sobre as pessoas? Qual é, em última análise, a origem dos efeitos emocionais da música?

Não será o estado d'alma do músico? Não há dúvida de que o mínimo denominador comum que determina a natureza precisa de qualquer obra musical é o estado mental e emocional do compositor e/ou do executante. A essência desse estado nos penetra, tendendo a moldar e afeiçoar nossa consciência em harmonia consigo mesma. Através da música, partes da consciência do músico são assimiladas pelo público. Dizê-lo assim tão bruscamente talvez seja demasiado chocante. Entretanto, se admitirmos que a música exerce esse tipo de função, transferindo elementos da consciência do músico para o ouvinte, já não se poderão negar as implicações morais do uso, bom ou mau, das artes tonais.

Já vimos que, em todas as eras, os pensadores nos têm advertido dos perigos sociais associados ao uso errôneo da arte tonal. Mas existe também o lado positivo. Usada corretamente, a música talvez não encontre paralelo em seu poder de instilar no homem a beleza da verdadeira moral e dos propósitos inspirados, mais elevados, que devem reger nossas vidas. Thomas Fielden, músico e escritor, sentindo-o mais do que ninguém, perguntou:

"O que é que se deve preferir? O filisteu chauvinista, vociferante, facilmente excitável, que se satisfaz com ouvir que tudo o que faz e pensa é o critério para o espírito dos homens;

ou o estudioso sério e humilde, sentado ao pé dos mestres, lutando por conquistar a habilidade, talvez até por tornar-se um mestre e, de um modo ou de outro, por ter sua morada no Parnaso, cujas encostas mais baixas não se alcançam sem esforço? Quem negará que o caráter é engendrado, que a exaltação e o triunfo, bem como as coisas ternas do espírito, podem atingir alturas maiores, através da arte da música, que sempre induziu os homens à realização, e lhes vigorizou a mente a fim de inspirar-lhe um pensar mais belo e mais nobre?"

Os motivos da música

Só para argumentar, temos nos inclinado a supor, até agora, neste livro, que os artistas hedonistas executam sua música anarquista por não acreditarem que a música influa nas pessoas. E, contudo, quanto mais examinamos o assunto, mais nos convencemos de que até os executantes de música contemporânea violenta sabem que a sua música exerce algum efeito sobre os ouvintes. Isto é, eles não a executam por julgá-la inofensiva, mas por um desejo deliberado que, em outros tempos, teria sido tachado de mau.

O fato é que todos os tipos de músicos, bons e maus, tendem a dar-se conta do poder comunicativo da arte tonal. Por intermédio desse poder comunicativo, o estado emocional de um artista pode transferir-se a cem ou até a dez milhões de ouvintes Os músicos de todos os gêneros, por esse modo, raramente têm ignorado a sua acentuadíssima capacidade de dirigir a mente e os negócios dos homens. Tem sido este, muitas vezes, o principal motivo da sua arte. O assunto dos motivos dos músicos é um assunto que não deve ser ignorado.

Atribui-se a Mick Jagger um pronunciamento sumamente revelador feito nos anos 60. Naquela ocasião, milhões de pais preocupados estavam certos de que o principal vocalista dos Rolling Stones nada mais era do que "um vagabundo cabeludo, de lábios grossos e cabeça-dura" (para citar uma opinião que ouvi na época). Agora, enquanto escrevo, mais de vinte anos depois, a poeira assentou, por assim dizer. Os cabelos compridos ainda existem, bem como os lábios grossos. Mas é muito para duvidar que Mick Jagger tenha sido algum dia tão cabeça-dura ou tão vagabundo assim. Ex-aluno da Escola de Economia de Londres, juntamente com o seu grupo e com todas as demais orquestras de rock, Jagger trabalhou, a sua maneira, com extremo afinco, na proliferação da sua música, da sua mensagem e do seu estilo de vida. Nos anos 60, enquanto toda a poeira ainda pairava no ar, muita coisa se disse e escreveu a propósito da música dos artistas de rock, mas quase nada em relação aos seus motivos. Está visto que o dinheiro era, e ainda o é, um dos motivos principais. (A excursão dos Rolling Stones no ano de 1981, cuidadosamente planejada por Jagger para ser um negócio rendoso, rendeu quarenta milhões de dólares americanos, quebrando todos os recordes anteriores conseguidos por excursões desse gênero.) Mas havia, e há, outro motivo. Foi Jagger quem, naquela ocasião, o proclamou com a mais absoluta clareza. Disse ele: "Nós andamos atrás das cabeças, e assim andam quase todos os grupos novos."

Muitos arguiriam que, olhando para o passado, os Stones tinham sido notavelmente bem-sucedidos antes mesmo que a década terminasse.

O astro do rock David Crosby também confidenciou numa entrevista:

"Imaginei que a única coisa que se poderia fazer era roubar-lhes os filhos. Continuo achando que é a única coisa que se pode fazer. Dizendo isso, não me refiro a seqüestro, mas falo apenas em mudar-lhes os sistemas de valores, afastando-os do mundo dos pais muito eficazmente".

Vezes houve em que o efeito do rock sobre o público foi imediato. A violência e a desordem raramente têm faltado aos concertos de rock mas, de acordo com John Phillips, do grupo intitulado "The Mamas and the Papas", "controlando cuidadosamente a seqüência dos ritmos", qualquer grupo de rock pode criar, consciente e deliberadamente, a histeria do público. "Sabemos como fazê-lo", disse ele. "Toda gente sabe como fazê-lo." E, consoante o Saturday Evening Post de 25 de março de 1967, o Sr. Phillips e seus colegas não ficaram satisfeitos enquanto não demonstraram a validade das próprias palavras. Antes de um concerto que deveriam realizar em Phoenix, Arizona, decidiram pôr à prova a sua teoria. E durante o concerto, fazendo uso de certa combinação de ritmos, provocaram de fato um tumulto no meio do público.

Os Rolling Stones foram protagonistas de uma história semelhante. Quando, durante o festival de *rock* de Altamont, em m1969, tocaram a canção *Sympathy for the Devil*,[4] os "guarda-costas" dos Anjos do Inferno, num acesso de fúria, atacaram o público com tanta violência que algumas pessoas ficaram gravemente feridas e outras morreram. Mais tarde, Mick Jagger não pareceu muito preocupado com o incidente. Ele e membros do outro grupo até se recusaram a comparecer ao tribunal de justiça a fim de identificar o assassino ou assassinos, os quais — talvez por causa disso — continuaram em liberdade. No entanto, uma coisa Mick Jagger não deixou de dizer: "Coisas assim acontecem todas as vezes que toco essa canção."

Música para "andar atrás de cabeças"; música para instigação da violência de massa...

Os motivos da música nem sempre foram assim: Beethoven, submerso na beatitude da reverência a Deus, sacrificando a vida inteira à missão de transferir tais estados de ser para o mundo todo, escreveu, à margem do manuscrito da sua Missa Solemnis: "Vinda do coração, possa ela alcançar outros corações."

Acerca da sobranceira figura de Wagner escreveu Paul Henry Láng:

"Nunca, desde Orfeu, existiu um músico cuja música afetasse de maneira tão vital a vida e a arte de gerações... O próprio Waguer queria ser mais do que um grande músico; a nova música que criou era para ele tão só o caminho da completa reorganização da vida em seu próprio espírito".

Sibelius, cujo orgulho nacional inato resistiu, indômito, à ocupação da Finlândia pelos russos, procurou captar e atiçar as chamas da liberdade nacional por intermédio da sua obra magnífica, Finlândia. A composição foi tão instantânea e indisfarçavelmente bem-sucedida em sua tarefa, que as forças de ocupação se viram imediatamente compelidas a proscrevê-la

J S. Bach confessou que compôs visando à elevação espiritual do homem e à glória de Deus. Durante os seus últimos dias, Franz Lehar contou: "Eu queria conquistar o coração das pessoas. E, se tive êxito, sei que não vivi em vão." E de acordo com as palavras de Monteverdi: "A finalidade de toda boa música é afetar a alma."

Os músicos afetam os que lhes ouvem a música? A música é um meio de comunicação e multiplicação de estados de

---

[4] Simpatia pelo diabo.

consciência? Se a nossa resposta for sim, precisaremos afirmar também que a moral na música é importante. A moral do músico é importante. Ainda que se ponham de parte exemplos tão espalhafatosos quanto os da música rock acima citados, a música precisa sempre ter um efeito moral. Quer abertamente, quer de maneiras sutis, que se comunicam do subconsciente para o subconsciente, os músicos sempre expressam, através de suas execuções, o nível de harmonia ou desarmonia psicológica que têm dentro de si. Isso é inevitável. Até a mais leve das frustrações interiores, que se manifesta pelo mais ligeiro tremor da mão executante ou pela mais diminuta fraqueza da composição, é registrada em nosso próprio subconsciente enquanto ouvimos. Por mais que o tentemos, não podemos deixar de expressar na música a realidade do nosso estado interior, ainda que de maneiras muito sutis. Isso interessa a outros, e a consecução ou as falhas do executante ou compositor tendem a tornar-se a consecução ou a falha dos ouvintes. A música, por conseguinte, tem influências tão variadas e diversas quanto as mentes dos próprios músicos. Como asseverou o Dr. Howard Hanson, diretor da Escola Eastman de Música da Universidade de Rochester:

"A música pode ser calmante ou revigorante, enobrecedora ou vulgarizadora, filosófica ou orgíaca. Tanto tem poderes para o mal quanto para o bem."

Musicoterapia: remédio universal?

Afaste o imã que está debaixo da folha de papel e verá que as limalhas de ferro, colocadas em cima do papel, se espalharão, caóticas, perdendo o padrão que lhes fora imposto pelo magnetismo. Volte a colocar o ímã debaixo delas e verá renovado o padrão anterior. Antigamente se acreditava, da mesma forma, que a música era capaz de renovar a divina harmonia e o ritmo do corpo, das emoções e do espírito do homem.Todas as formas de doença, mental ou física, eram consideradas como sendo, basicamente, problemas musicais. O homem doente perdera a harmonia interior; permitira que a dissonância lhe penetrasse a sinfonia do ser. Já não se harmonizava com o universo e suas leis. Usava-se, portanto, a música exterior, audivel, para reafinar o homem com o Som Universal.

As sociedades primitivas davam, com freqüência, maior

apreço aos cantos mágicos e às danças rituais do que às ervas medicinais para curar os seus doentes. Desde os primórdios da civilizacão, verificamos, portanto, que a musicoterapia, longe de haver caído em desuso por ser considerada não-prática e primitiva, continuou a gozar da maior consideração, sendo até formalmente institucionalizada. Dos escritos chegados até nós, deduzimos que a música era utilizada como instrumento terapêutico pelos antigos chineses, hindus, persas, egípcios e gregos. No primeiro livro de Samuel está descrita a maneira com que Davi libertou Saul de uma depressão obsessiva por meio da música."

Na *Ilíada,* narra Homero como uma peste avassaladora foí sustada pelo deus Apolo porque este se deleitava sobremodo "com hinos e cantos sacros que agradam docemente", entoados pelos jovens gregos. Na *Odísséia,* Homero nos conta que depois de ter sido ferido o joelho de Ulisses enquanto caçava javalis, a dor fora mitigada e a própria ferida sarara graças ao "entoar de trovas". Essas duas narrativas homéricas nos propiciam uma visão interessante do primitivo período grego, revelando que a música era reputada eficaz contra ferimentos, doenças e pestes. Também se empregava a música extensamente para curar distúrbios emocionais.

O emprego da música como tratamento pelos gregos lhes foi originalmente transmitido por civilizações anteriores. Mas após a vida e a obra de Pitágoras, a prática da musicoterapia também passou a ser uma extensão natural das crenças pitagóricas. Aplicando os ensinamentos da antiga sabedoria à civilização da Grécia, os pitagoristas concebiam a música como a redução em freqüência da Música das Esferas (Som Cósmico). A boa música, portanto, se achava em sintonia com o ritmo da Vida. Estava em harmonia com o macrocosmo; e harmonizava-se também com as atividades fisiológicas do homem saudável, o microcosmo. A boa música reinspirava o homem cujo corpo perdera a saúde, recolocando-o em harmonia com a divina harmonia. Conta-se que Hipócrates, o "pai da medicina", levava seus casos de enfermidade mental ao Templo de Esculápio para ali ouvirem a música comovedora.

Os sacerdotes do templo e os médicos de Roma fizeram uso da musicoterapia até a completa cristianização do Império. "Os árabes do século XIII tinham salas de música nos hospitais. Paracelso praticava o que ele denominava "medicina musical", usando composições específicas para doenças específicas; mentais, morais e físicas. Os médicos da Idade Média utilizavam, não raro, menestréis, que tocavam para os pacientes em convalescença, acelerando-lhes a recuperação. Até dos últimos anos do século XIX nos chegaram relatos do emprego de uma orquestra no tratamento de casos nervosos, e de uma instituição mental, nas cercanias de Nápoles, onde os músicos eram usados por sua capacidade curativa.

A parte umas poucas exceções medíocres (tais como a transmissão de muzak nas salas de espera dos dentistas para acalmar os nervos dos pacientes), a musicoterapia não tem hoje um emprego amplo e institucionalizado. Em virtude da sua aparente intangibilidade, o século materialista não considera a música capaz de produzir efeitos curativos importantes. Parece provável, contudo, que estejamos perdendo aqui uma vantagem potencial de grandes proporções. Um pequeno número de terapeutas particulares, especializado no uso da música, julga-a capaz de influir em ampla variedade de curas.

Cabe, atualmente, ao terapeuta, como indivíduo, avaliar as necessidades do paciente, escolher a música que poderá ajudá-lo a satisfazer tais necessidades e determinar a maneira com que ela deve ser apresentada. A musicoterapia moderna ainda é uma arte/ciência pioneira. E do terapeuta se exige intuição, sabedoria e conhecimentos.

Uma musicoterapeuta, Julienne Brown, escreve:

"O objetivo do musicoterapeuta é estabelecer contato com o paciente através da música e da personalidade, de modo que se possa construir um profundo relacionamento musical e pessoal. Depois que isso acontece, ou mais exatamente, enquanto isso está acontecendo, o terapeuta pode guiar o paciente através de fases musical e emocionalmente dependentes para uma liberação das emoções. Se a terapêutica estiver alcançando seus objetivos, o paciente começará a funcionar melhor como pessoa completa. Nisso se inclui o ajudá-lo a lograr seu pleno potencial musical e a fortalecer-lhe a identidade pessoal. Quando me aparece um novo paciente, quase imediatamente tento descobrir a extensão das suas respostas musicais, e auxiliá-lo a responder de maneira mais significativa à pergunta a respeito de si mesmo: 'Quem eu sou?'"

Disse William Congreve: "A música tem encantos para acalmar o peito selvagem." Uma vigorosa e leniente peça de música, um adágio ou uma barcarola, seria, pelo menos, no caso de um paciente tenso, tão eficaz quanto um tranqüilizador químico desnatural, e muito mais saudável. Mas talvez, aqui, nós tenhamos acertado na mosca...

Para que a musicoterapia e outras formas alternativas de medicina substituam parcial ou totalmente a produção intermitente de pílulas, altamente questionável, da indústria farmacêutica, teriam de ser superados primeiro interesses de empresas que operam na faixa de centenas de milhões de dólares por ano. O dinheiro é poder, e é o poder econômico, e não a eficácia objetiva, da indústria das pílulas que tem mantido a influência preponderante da indústria sobre a profissão curativa.

Auspiciosamente, porém, a musicoterapia verá aumentada a sua popularidade, mercê da própria eficácia, que precisa ser demonstrada por maiores quantidades de facultativos modernos e experimentados. Como disse a musicoterapeuta Jean Maas:

"A música é o maior poder que já experimentei. Duvido que alguma coisa iguale o seu poder de agir sobre o organismo humano".

Há muito tempo, Novalis afirmou que toda doença é um problema musical. Até o presente momento, a experiência moderna não provou que ele estivesse errado. Na literatura da musicoterapia, encontram-se referências a sucessões, em menor ou maior grau, no tratamento da histeria, da depressão, da ansiedade, do nervosismo, da preocupação e dos temores, da tensão, da insônia, da hipertensão, das dores de cabeça, da asma, das lesões cerebrais, da tendência para o câncer, das insuficiências cardíacas, da doença de Parkinson, da tuberculose e de uma vasta série de outras moléstias mentais e físicas. Até os problemas mais improváveis têm sido auxiliados ou resolvidos pelos efeitos curativos da música. O cientista do comportamento Johannes Knentgen referiu que, quando se tocam acalantos gravados em fitas, jovens debilitados e retardados mentais passam noites tranqüilas, o número de casos de pacientes que molham a cama diminui consideravelmente e as pílulas para dormir deixam de ser necessárias.

Recentemente ocorreram progressos importantes no uso de instrumentos musicais para ajudar os deficientes. A julgar pelas aparências, os portadores de graves deficiências estariam impossibilitados de tocar a maioria dos instrumentos, mas verificou-se que, com o auxílio da imaginação, o problema deixava de ser tão grande assim. Os instrumentos podem ser adaptados às necessidades individuais do executante deficiente; ou podem usar-se luvas especiais ou correntes de retenção para ajudar a pessoa a segurar ou a tocar o instrumento. Um guitarrista que não tenha o braço direito para tanger as cordas, aprende, por exemplo, a tocar a guitarra com um petrecho ligado ao pé direito. Com adaptações individuais dessa natureza, muitos deficientes se dedicaram à música com profunda concentração. Resultado: eles não só se interessaram genuinamente pela música e desenvolveram a sua capacidade de tocá-la, mas também o esforço mental e físico necessário para aprender a tocar, envidado com êxito por longas horas, revelou-se excepcionalmente eficaz no aprimorar a coordenação sensório-motora, ajudando o deficiente a movimentar-se.

A música é um agente curativo universal? De um lado, a mente prática precisa reconhecer que, nas piores espécies de deficiência física, quando estas já se manifestaram plenamente, são necessárias formas mais imediatas e médicas de tratamento. Mas é perfeitamente possível que o emprego mais generalizado dos poderes curativos do som impedisse, em primeiro lugar, o aparecimento de tais deficiências. Com efeito, o que torna a musicoterapia particularmente atraente é o fato de curar a causa da moléstia, em lugar de limitar-se a suprimir-lhe os sintomas, como faz a maioria das formas de tratamento médico moderno. De acordo com todas as provas apresentadas pela musicoterapia contemporânea, a boa música parece, de fato, harmonizar o ser humano, trazendo-o de volta a padrões mais saudáveis de pensamento, sentimento e ação, exatamente como proclamavam os sábios de antanho. Dissemos que as piores espécies de enfermidades físicas, quando já manifestas em sua plenitude, requerem tratamento médico; todavia, quem nos dirá, na verdade, o que o poder da acústica não pode realizar? Nada impede que o poder do som, que já foi uma ciência importante do passado, venha a ser uma ciência importante do futuro.

A música e a estrutura da sociedade

Tendo estabelecido que a

música exerce uma clara influência sobre o homem como indivíduo, a questão de saber se ela afeta a sociedade em geral é uma simples questão de extrapolação. O indivíduo é o componente básico da sociedade. Todas as civilizações são casas construídas com homens em lugar de tijolos. Se os caracteres de uma grande proporção dos indivíduos que compõem a sociedade se modificam, essa sociedade sofrerá, sem dúvida, certo grau de modificações similares.

As evidências sugerem vigorosamente que o efeito da música sobre o indivíduo é similar ao das outras experiências de percepção e aprendizado, como a aquisição da linguagem. Como já verificamos, existem similaridades definidas entre as influências da linguagem e da música sobre a sociedade. Ambas, por exemplo, atuam como codificadoras de conceitos intelectuais ou sentimentos emocionais e, sem a palavra-chave ou a peça de música, é possível que conceitos e sentimentos permaneçam desconhecidos e alheios a sociedades inteiras. Uma faculdade humana que parece afetada assim pela língua como pela música, por mais curioso que pareça, é a do conhecimento e percepção do tempo. No tocante à linguagem, psicólogos sociais e antropólogos anotaram certo número de casos de povos primitivos, em várias partes do mundo, que têm poucos ou nenhum termo com que possam referir-se à passagem do tempo — carecem de palavras como "horas", "meses", "ontem" ou "cedo". Em consequência disso, são incapazes de manejar conceitos de passado e futuro. Incapazes de conceituar ou discutir claramente o passar do tempo, vivem numa vaga espécie de agora-eterno, e a estrutura da sua sociedade e das atividades dela reflete pouco ou nenhum sentido de progresso, ou mesmo de eventos cíclicos.

Essa estreita relação entre a linguagem e a conceituação do tempo paraleliza intimamente a relação entre a música do povo e sua conceituação do tempo. No mundo ocidental moderno, o movimento e o ritmo da maior parte das músicas são muito claramente planejados, escritos e sustentados. As obras musicais podem ser conscientemente divididas em movimentos e seções definidos. Há um sentido de progresso do começo ao fim. Da mesma maneira, lidamos com o tempo em termos intelectuais muito precisos. Dividem-se os dias em horas e minutos. A hora do dia, a data, o mês e o ano de muitos acontecimentos históricos registram-se com exatidão. Os dias e semanas futuras de nossa vida são amiúde bem planejados antecipadamente. Temos uma robusta consciência do progresso de cada dia da manhã à noite. Além disso, tendemos a viver com o sentimento de que a nossa vida nos está levando para algum lugar; com o sentido do progresso sobre o tempo rumo à nossa meta.

Nem tudo isso ocorre necessariamente na música e na estrutura intelectual de outras culturas. Os músicos de Bali não escrevem a sua música e, por conseguinte, não aderem rigidamente a um repertório de clássicos invioláveis. Em lugar disso, preferem improvisar (dentro, porém, de certas regras definidas).

Partindo desse ponto, Christopher Small fez, recentemente, interessantíssima observação sobre a música e o povo de Bali: os músicos balineses não estão preocupados, como acontece conosco avassaladoramente no Ocidente, com o ideal de progresso, visto que o seu próprio conceito de tempo não é linear, mas circular. Além disso, o mais importante é que:

"A circularidade do tempo se revela não só na música mas também em muitos rituais e costumes sociais de Bali ...

O calendário reflete, de idêntica maneira, a circularidade do sentido do tempo dos balineses. Mede, não a passagem do tempo, mas as características das várias partes dos ciclos temporais".

Não é provável que se devam totalmente tais similaridades entre os padrões da música e os padrões da vida à natureza da cultura em geral, que ditaria os seus padrões musicais Cada qual influi no outro até certo ponto. De um lado, não seria realístico supor que a civilização, como fator ambiental (e incluindo a música já existente nessa civilização), não exerce influência alguma sobre o curso da música do presente, à proporção que essa música se manifesta. Entretanto, ao influenciar a música, a própria civilização é também afetada por ela. O que temos aqui é uma clássica situação de galinha ou ovo (quem apareceu primeiro?.) Ao codificar esta ou aquela visão do mundo, a música, até certo ponto, deve estar meramente reagindo à cultura dentro da qual já se encontra. Tendo, contudo, admitido esse ponto, cumpre afirmar também que, como o indicou Cyril Scott, um estudo da história revela com absoluta clareza que as alterações na música tenderam a preceder os eventos exteriores, "históricos". Em outras palavras, a música também codifica simbolicamente estilos de vida e ideologias ainda não existentes na vida exterior, mas que passam a existir, precisamente, graças a essa qualidade criativa da arte.

Um dos poucos escritores modernos que não negam seja a música tão importante para a modelagem da sociedade quanto o é a sociedade para a modelagem da música, John Shepherd, um dos quatro autores de um livro recente intitulado *Whose Music? A Sociology of Musical Languages.*[5] escreve:

"A música é ... um modo aberto que, através da sua natureza essencialmente estrutural, se ajeita singularmente para revelar a estruturação dinâmica da vida social, uma estruturação da qual o 'material' forma apenas um aspecto. A música é conclusiva... porque o significado social só pode surgir e continuar a existir através da comunicação simbólica que se origina na consciência — comunicação de que a música faz parte".

Da mesma maneira com que o sentido do tempo dos balineses parece haver sido modelado segundo a estrutura do tempo da sua música, John Shepherd aponta para as similitudes espaciais, temporais e estruturais entre a música ocidental de diferentes períodos históricos e as sociedades desses mesmos períodos. É verdade, sem dúvida, que no cantochão medieval o indivíduo se via submerso na estrutura global da música, exatamente como o homem medieval tendia a carecer de individualidade dentro da estrutura da sociedade. Hoje, a expressão individual na música é paralelizada pela expressão individual na vida.

Os sistemas de notação e de tons associam-se também à estrutura da sociedade? Shepherd dá a entender que sim, e que a tonalidade codifica a visão industrial do mundo. Escreve ele:

"o arquitetonicismo da estrutura tonal articula o sentido do mundo do homem industrial, pois é uma estrutura que tem um ponto de vista central (o ponto de vista da tônica), foco de um sentido singular e unificado do som, que envolve alto grau de distanciamento. Em outras palavras, uma estrutura orientada para o centro, com margens...

Além disso, é um equivalente dialético do tempo espacializado, articulado pela tonali-

[5] Música de quem? Uma sociologia das linguagens musicais.

dade; e o homem industrial, ao tornar-se cada vez mais objetivo e consciente de si próprio, é capaz de recuar e objetivar a passagem do tempo... Trazendo a pulsação corpórea da música a um alto-relevo contínuo dessa natureza — e por esse modo alterando e negando suas características originais, "intérminas" e hipnóticas — a estrutura rítmica da tonalidade ajuda a manter a intensa e constante percepcão do homem industrial não só do passar do tempo mas também da sua própria consciência".

Shepherd, portanto, emerge como um dos poucos pensadores modernos que atribuem à música, em letra de fôrma, um papel pelo menos parcialmente criativo. Em outro lugar do mesmo livro, entretanto, essa possibilidade, com suas vastas implicações, é evitada. Virden e Wishart, por exemplo, interpretam a linha de raciocínio de Shepherd como se ele quisesse apenas dizer que (e coloquei-lhes as palavras-chave em itálico), "a música medieval articulou uma idealização da sua sociedade"; que "a tonalidade expressou musicalmente a hierarquia nacionalizada e centralizada que realmente emergia da vida econômica, política e cultural"; e que "as regras geradoras de transformação da tonalidade foram assim estabelecidas como um acompanhamento musical para a emergência de um novo sentido geral e de organização do mundo humano". O que aqui se pode discernir é a oposição, no próprio espírito das pessoas, à compreensão do quanto a música é poderosa e importante. A associação entre estruturas musicais e estruturas sociais pareceria inegável mas, quando se chega à interpretação pessoal do fato, nota-se uma tendência para tornar-se pelo menos vaga, se não completamente reducionista.

Entretanto, embora não seja difícil, para o filósofo de gabinete, minimizar o papel independente, criativo, da música no influenciar a sociedade, pode revelar-se impossível para o filósofo prático "no campo" fazer o mesmo. E, o que é ainda mais divertido, quando um filósofo de gabinete defronta, de repente, com o mundo real, vê-se amiúde compelido a alterar seu ponto de vista. Um bom exemplo do que acontece quando a filosofia materialista da música defronta-se com a realidade nos fornece a história da música sob o regime da ditadura soviética. De acordo com o materialismo dialético rigoroso, o homem não modela a civilização, mas a civilização modela o homem.. Citemos as palavras de Marx: "não é a consciência dos homens que lhes determina a existência mas, ao contrário, é a existência social que lhes determina a consciência". Palavras de que B. F. Skinner se envaideceria. Conforme esse ponto de vista materialista, portanto, os homens são meras máquinas biológicas programadas pelo meio ambiente. A música, como criação da consciência dos indivíduos, deveria, portanto, refletir com exatidão a estrutura da sociedade, exceto na forma simbolizada. Esta noção era importante para os ditadores comunistas que emergiram, vitoriosos, da Revolução de Outubro. A sua preocupação cifrava-se em manter as massas em ordem, e obstar qualquer forma de contra-revolução. Assim, como um aspecto dessa preocupação, era-lhes forçoso formular um modo de agir definido em relação às artes, a fim de impedir que estas viessem a tomar-se uma ameaça ao seu domínio. Segundo o materialismo dialético, no entanto, a arte deve acompanhar os sucessos político-econômicos e, por conseguinte, pode ser deixada livre da interferência política. Não se concebia sequer a possibilidade de alguma influência na direção oposta, uma vez que a arte (da consciência) não afeta eventos político-econômicos (sociedade). A fim de dirigir a natureza da música e das outras artes, os ditadores soviéticos acreditavam não ser necessária nenhuma intervenção direta, pois bastariam os seus movimentos políticos e econômicos. Inicialmente, portanto, adotou-se um ponto de vista liberal em relação às artes.

Como parece ocorrer em tantas atividades da sociedade soviética, todavia, esse ponto de vista "liberal" foi reconhecidamente sujeito, desde o princípio, a certo grau de pronunciamentos ambíguos. Lenine, por exemplo, reconheceu que "todo artista julga ser um direito seu criar livremente, de acordo com o seu ideal, seja ele bom ou não"; e continuou:

> "Mas, naturalmente, somos comunistas. Não devemos deixar que nos caiam as mãos no colo e permitir que o caos fermente a seu talante. Precisamos tentar conscientemente guiar esse desenvolvimento, modelando e determinando os resultados."

Trotsky também sentia a necessidade "de destruir toda tendência da arte... que ameace a revolução".

Para as autoridades soviéticas, a música clássica era perfeitamente aceitável visto que, como assinalou John Shepherd:

"a música clássica, tradicionalmente tonal, codifica e articula, a um tempo, a estrutura de um sistema político econômico centralizado, sendo assim inteiramente adequada à "nova" ordem de coisas na Rússia. Dada essa afinidade, seria muito pouco provável que se tolerasse a música articuladora de outras estruturas concorrentes. Isso explica, em grande parte, a razão por que se suportavam a mórbida frustração de Tchaikovsky e o erotismo neurótico de Scriabin, ao passo que a linguagem mais clara e mais vigorosa de Prokofiev tem sido freqüentemente castigada.

O problema que se apresentava à ditadura soviética era que, embora a música clássica não lhes ameaçasse a retenção do poder no centro da hierarquia comunista, o século em que os ditadores realmente viviam assistiu ao nascimento de todos os tipos de música que representavam, de fato, uma ameaça. Não somente a "nova música" propriamente dita, mas também a música sacra e algumas formas de música popular eram totalmente incompatíveis com a estrutura da sociedade soviética e a ideologia comunista. A música moderna dava destaque a uma forma diferente de hierarquia. Dava destaque também à expressão individual, que chegava, às vezes, à própria anarquia. Ascendendo ao poder, Stalin viu de pronto que a música representava uma ameaça real à estabilidade do regime. Independentemente dos ditames do materialismo dialético e de suas teorizações, as necessidades práticas do mundo real forçaram-se a imprimir uma meia-volta completa à atitude da liderança soviética para com as artes tonais. Em 1927, a Associação Russa de Músicos Proletários, conservadora e ideológica, absorveu a Associação de Músicos Contemporâneos, mais vanguardista. Nos anos seguintes, os compositores soviéticos foram mantidos em seus devidos lugares pela crítica devastadora a qualquer coisa remotamente progressiva. Já em 1936, a Associação Russa de Músicos Proletários, por seu turno, foi substituída pela União dos Compositores Soviéticos, órgão oficial do governo.

Em seus elementos básicos essenciais, a história do encontro soviético com o poder da música é simplesmente a do descobrimento, pelos comunistas, de que, a despeito de toda a sua teorização reducionista, a música possui o poder de introduzir novos modos de consciência na sociedade, modificando-a, portanto. A única maneira de impedi-lo consistia em suprimir a própria música nova.

É também importante notar que algumas formas de música, como a clássica, são eficientes na preservação de todas as formas da sociedade moderna, seja ela capitalista ou comunista, e provavelmente até boa ou má. Inversamente, as formas musicais anárquicas demolidoras, comparáveis a pestes ou escassez de alimentos, são capazes de destruir todas as espécies de sociedade moderna. Isso significa que certos tipos de música, embora sejam a última coisa que um político desejaria deixar à solta dentro de sua própria nação, são exatamente o que ele desejaria soltar no campo do "inimigo". Mas, a fim de usar a música como arma dessa maneira, é obviamente essencial que o político, em primeiro lugar, lhe compreenda o poder e acredite nele, o que raramente foi feito pelos chefes ocidentais. Os comunistas soviéticos, todavia, nunca se esqueceram da sua dura lição relativa ao poder político e social da arte. Em épocas mais recentes, o regime soviético e outros regimes comunistas do mundo mantiveram, ou tentaram manter, um rígido controle da importação da música de rock para os seus países. Existem, porém, provas de que a natureza política (de esquerda) da indústria do rock ocidental sofreu significativa influência dos subversivos radicais a partir dos anos 50. Ainda mais impressionante é a evidência de que, desde os anos 40, os soviéticos se voltaram realmente para a música como meio de perturbar a estabilidade mental de crianças ocidentais. David A. Noebel documentou, com minúcias, as tentativas de radicais ligados aos soviéticos de fundar gravadoras no Ocidente para divulgar gravações hipnóticas e nocivas a crianças, assim como para liberar discos anárquicos de rock e folk-rock de esquerda.

Além dos seus tipos de feito destrutivo sobre a sociedade, a música também pode ser uma robusta força aglutinante e unificadora, como já se verificou muitas vezes, atuando qual foco central para a unificação de indivíduos, movimentos, classes e facções. Na unidade de propósito reside uma força imensa, de modo que, como agente produtor dessa unidade, a música alterou, muitas vezes, o curso da história. Canções ou movimentos musicais uniram, em determinadas ocasiões, nações inteiras. Chegaram a criar nações: é raro compreender-se hoje em dia o quanto a Revolução Americana foi uma revolução musical, mas o fato é que canções eloqüentes e inspiradoras de protesto, liberdade e fraternidade foram o que primeiro uniu e despertou um povo para o seu destino, precipitando-se afinal a música revolucionária numa revolução física, da qual nasceram os Estados Unidos da América.

O lado tonal da revolução americana

Vários anos antes da Guerra de Independência americana, canções de resistência principiaram a aparecer impressas, espalhando-se pelas colônias, popularizando-se ao extremo e sendo ativamente cantadas por muitos.

Conquanto o seu efeito fosse forjar rapidamente um amplo sentimento de unidade e propósito entre os colonos, as canções, na verdade, nasceram de pequenas minorias organizadas, que as usaram, de caso pensado, como meio de ajudá-las a antever o futuro de sua terra. Em sua maior parte, esses grupos eram formados de maçons e de Filhos da Liberdade.

O papel vital dos maçons em toda a história da Revolução nunca será superestimado. George Washington, os chefes do seu estado-maior, a grande maioria dos signatários da Declaração da Independência e quase todas as figuras de destaque das colônias eram maçons. Como também o eram, por mais cômico que isso possa parecer, os "índios" responsáveis pelo Chá de Boston. Os maçons, com efeito, se encontram na origem e no âmago da Revolução.

A publicação de canções patrióticas de liberdade foi um dos principais métodos pelos quais os maçons reuniram e despertaram um povo para o seu destino. Muitos chefes políticos da nação emergente, como Francis Hopkinson, Thomas Paine e Benjamin Franklin, figuravam também entre os mais populares autores de canções do Novo Mundo, além de pertencerem à Maçonaria. Sobre ser, reconhecidamente, o primeiro compositor nativo da América, e maçom, Francis Hopkinson foi um dos signatários da Declaração de Independência e é amplamente conhecido como a pessoa que desenhou a bandeira americana.

A primeira música patriótica a ser publicada no Novo Mundo surgiu em 1768. A Canção da Liberdade de John Dickinson estabeleceu o modelo para quantas se seguiram nos anos anteriores à manifestação da própria revolução física:

Come join hand in hand brave Americans all,
And rouse your bold hearts at fair Liberty's call;

No tyrannous acts shall suppress your just claim,
Or stain with dishonour America's name.

In Freedom we're born and in Freedom we'll live,
Our purses are ready,
Steady, Friends, Steady,
Not as slaves, but as Freemen our money we'll give ...

All ages shall speak with amaze and applause,
Of the courage we'll shew in support of our laws;
To die we can bear— but to serve we disdain,
For shame is to Freedom more dreadful than pain.

In Freedom we're born ... [6]

A história registra que a Canção da Liberdade "se tornou uma obsessão e era cantada em toda parte: nas manifestações políticas, nos comícios de protesto, nas comemorações patrióticas, nas cerimônias de consagração das árvores da liberdade, por puro entretenimento e também a título de provocação, para enraivecer os britânicos..."

Essas canções desempenharam papel importante na primeira formação do sentido de nacionalidade dos americanos. Os adeptos do esoterismo talvez encontrem também significação no fato de serem as canções entoadas, regular e amplamente, por grandes aglomerações de pessoas: nessas condições, os sons da liberdade e resistência foram contínua e vigorosamente divulgados a partir de 1768. Ainda que se despreze o ângulo esotérico, a conexão dessa música com os acontecimentos que se seguiram é inequívoca.

Desde o início, a visão do futuro que as canções ensejavam era supremamente ambiciosa. Em face da importância relativamente pequena e do status inferior das colônias americanas na década de 1700, a visão revelava-se também estranhamente profética. As canções exortavam a humanidade a

[6] Vinde juntar-vos de mãos dadas todos os americanos,/E erguei vossos ousados corações ao chamado da formosa Liberdade;/Nenhuma lei tirânica suprimirá vossa justa pretensão,/Nem manchará com a desonra o nome da América./Na Liberdade nascemos e na Liberdade viveremos,/Nossos bolsos estão preparados,/Firmes, Amigos, firmes,/Não como escravos, mas como Homens livres nosso dinheiro entregaremos.../ Os séculos falarão com assombro e aplausos,/Da coragem que mostrareis em apoio de nossas leis;/ Podemos suportar o morrer — mas o servir desdenhamos,/Pois a vergonha, para a Liberdade, é mais terrível que a dor./Na Liberdade nascemos...

"despertar ao chamado da liberdade", e prediziam que "a chama da liberdade" rugiria "com uma nota altissonante" até "em plagas distantes". Já em 1774, enquanto soldados britânicos se desforçavam do Chá de Boston, o Newport Mercury publicou uma canção que incluía a seguinte quadra realmente surpreendente:

A ray of bright Glory now Beams from afar,
Blest dawn of an Empire to rise;
The American Ensign now sparkles a Star,
Which shall shortly flame wide thru the Skies [7]

Alguns anos antes do começo da Guerra da Independência, os cantores patrióticos já haviam deixado bem claro que tinham plena consciência do poder marcial do som. Uma quadra, estampada no Boston Chronicle de 23-26 de outubro de 1769, advertia sombriamente:

But when our country's cause the Sword demands,
And sets in fierce array, the warrior bands;
Strong martial music, glorious rage inspires,
Wakes the bold wish and fans the rising fires. [8]

No transcurso da própria guerra, não havia engano possível quanto à música de vitória preferida pelos americanos. Thomas Anburey, membro do Exército britânico que se rendeu, escreveu do campo de intemação no dia 27 de novembro de 1777:

Yankee Doodle é agora o seu hino de triunfo, um favorito dos favoritos, executado em seu exército, considerado tão marcial quanto a Marcha dos Granadeiros — é o fascínio do namorado, o acalanto da ama. Depois dos nossos rápidos sucessos, professávamos grande desdém pelos ianques, mas não foi pouco mortificante ouvi-los cantar essa canção, quando o seu exército marchava para a nossa rendição".

Deve-se mencionar que os patriotas americanos estavam

[7] Um raio de fúlgida Glória brilha agora de longe,/Abençoada Aurora de um Império que se levanta;/Na Bandeira americana luz agora uma Estrela,/Que logo flamejará, enorme, pelos céus.

[8] Mas quando a causa do nosso país reclama a Espada,/E dispõe em ordem de batalha os bandos guerreiros;/Uma pujante música marcial inspira uma cólera gloriosa,/Desperta o desejo ousado e insufla os fogos que se levantam.

convencidos de que a sua luta contava com o amparo divino. Nisso eles tinham por pontas-de-lança os maçons, cientes, o tempo todo, do destino para o qual se dirigia o Novo Mundo, e que sentiam os próprios anjos de Deus por detrás dos seus esforços, guiando e guardando os filhos da liberdade e ajudando a criar uma nação que, um dia, iluminaria o mundo. Às vezes, com efeito, se diria que os próprios arautos do céu sussurravam suas letras aos ouvidos receptivos dos músicos maçons. *A Nova Canção da Liberdade de Massachusetts,* do Dr. Joseph Warrern, soa tanto como a afirmação de um Deus da Liberdade quanto a de um patriota de Boston:

We led fair FREEDOM hither, when lo the Desart *smil'd,*
Paradise of Pleasure, was open'd in the Wild;
Your Harvest bold AMERICANS! no Power shall snatch away,
Assert yourselves, yourselves, yourselves, my brave AMERICA
Lift up your Heads my Heroes! and swear with proud Disdain,
The Wretch who would enslave you, shall spread his Snares in vain;
Should EUROPE empty all her FORCE, you'd meet them in Array,
And shout, and shout, and shout, and shout, for brave AMERICA. [9]

A *Árvore da Liberdade* de Thomas Paine teceu louvores à árvore de liberdade que criaria raízes, floresceria e levaria "as nações vizinhas a buscar-lhe a praia pacífica". A canção também reconhecia a existência de criaturas celestiais apoiadoras — reconhecimento que pretendia ser tomado não menos simbólica ou poeticamente do que ao pé da letra:

In a chariot of light from the regions of day,
The Goddess of Liberty came;
Ten thousand celestials directed the way,
And thither conducted the dame,

---

[9] Trouxemos para cá a formosa LIBERDADE quando, vede, o Ermo sorriu,/ Paraíso de Prazer abriu-se no sertão;/A vossa Colheita, ousados AMERICANOS, Poder algum vô-la arrebatará,/Confia em ti, em ti, em ti, minha corajosa AMÉRICA,/Levantai a cabeça, meus Heróis! e jurai com altivo desdém,/O miserável que queria escravizar-vos em vão espalhará suas armadilhas;/Ainda que a EUROPA derrame toda a sua Força, vós a enfrentareis em ordem de batalha,/E aclamareis, aclamareis, aclamareis, aclamareis a corajosa AMÉRICA.

This fair budding branch, from the garden above,
Where millions with millions agree,
She bro't in her hand, as a pledge of her love,
The ptant she call'd Liberty Tree[10]

A canção, publicada pela primeira vez em julho de 1775, trazia a assinatura de "Atlanticus".

Finalmente, as canções foram interpretadas pelos primeiros patriotas no autêntico espírito de prece e invocação. Os chefes maçons acreditavam que o destino da nação fora traçado de antemão pelos agentes divinos, e só requeria coragem, fé, canção e aplicação para manifestar-se. Se considerarmos o milagroso nascimento subseqüente, a vitória e o crescimento sem paralelo da nova nação, há aí matéria suficiente para obrigar-nos a fazer uma pausa antes de declarar que as crenças ardorosas dos americanos não tinham razão de ser.

---

[10] Num carro de luz das regiões do dia,/Veio a Deusa da Liberdade;/Dez mil seres celestiais indicavam o caminho,/E para cá conduziram a Dama,/Este formoso ramo que principia a brotar, tirado do jardim lá em cima,/Onde milhões concordam com milhões,/Ela trouxe na mão, como penhor de afeto,/E à planta chamou Árvore da Liberdade.

Leitura Recomendada

A essência do conceito clipping *é informar e motivar. Neste último capítulo deste livro* clipping, *apresentamos ao leitor comentários sobre os livros-matrizes, de onde os textos foram extraídos. Geralmente são prefácios ou introduções explicando a obra e sua finalidade.*

O conteúdo dos livros desta coleção é auto-suficiente, mas ao leitor que deseje conhecimentos mais completos, recomendamos a leitura dos livros-fonte — aliás, esta é uma das razões da "invenção" da coleção O Poder do Poder.

A maioria dos livros aqui recomendados encontra-se disponível em livrarias ou nas respectivas editoras.

História Universal da Música

KURT PAHLEN — EDIÇÕES MELHORAMENTOS

Traduzido do alemão e publicado pela Edições Melhoramentos (382p.), este extraordinário livro teve grande repercussão no meio musical.

A 5ª edição foi revista e anotada pelo dr. José da Veiga Oliveira, crítico musical e de tea-

tro. Eurico Nogueira Franca, ao prefaciar a obra, diz, entre outras coisas, o seguinte:

Se este livro de Kurt Pahlen, ao condensar os fatos que se encadeiam da História da Música, permite concebê-la como tendo em Bach um marco limítrofe — do qual, desde então, se vem afastando, sempre com maior intensidade, também nos concede o direito, ao dar balanço à enorme série de material que aqui se ordena — material de diversidade estonteante, como é próprio da substância da História, e colorido, por vezes, de vivos traços de pitoresco — de buscar novos ângulos para o espetáculo das metamorfoses contínuas da cultura da música, através dos tempos.

O autor, que também é músico, à guisa de introdução, explica a seus futuros leitores as motivações que o levaram a escrever a obra:

Destina-se este livro não aos entendidos mas aos amantes de música, que devem poder lê-lo sem que, a todo instante, se lhes antolhem limites insuperáveis da ciência da matéria. Encontrarão aqui um grande panorama que inclui países, épocas, compositores favoritos no grande mosaico da história do espírito e do desenvolvimento da arte, e que procura facilitar-lhes o caminho para as suas próprias obras.

Apesar de doutor em música pela Universidade de Viena, não cheguei a este livro pelos caminhos da ciência mas pelo da arte e da educação do povo. É, vejo-o bem, um livro muito pessoal, o que não quer dizer caprichoso, nem desejoso de ser diferente; para isso, continuo a ter veneração demais pela arte e pela atividade humana em geral. Mas tenho com a música uma única relação: a do amor.

Nas minhas viagens de concertos e de conferências por muitos países e continentes, em toda parte comprovei ardoroso interesse pela música. Talvez, na nossa época cheia de ansiedades, seja mais do que nunca maior o número dos que sonham com a sua beleza, tranqüilidade, força e consolo. Impelido por esse conhecimento direto, escrevi em 1944 a primeira edição, espanhola, deste livro. Pretendia oferecer aos homens do jovem continente sul-americano um manual que os aproximasse mais da música. E tive a grande satisfação de ver a minha intenção compreendida, não apenas nas grandes metrópoles e centros culturais senão também freqüentemente em longínquas colônias da mata virgem, portos tropicais, vales quase inacessíveis das cordilheiras, para onde os meios musicais do século XX — abençoados sejam por isso! — levaram, pela primeira vez, o nome sagrado de Bach e Beethoven.

Foi grande a alegria que senti quando a Casa Editora de Orell Füssli, de Zurique, me convidou para incluir minha obra em sua coleção cultural. Assim começou a difusão mundial deste livro, tão imprevista quanto lisonjeira para mim. Desejo que a presente edição em português, fruto da experiência e da carinhosa dedicação da Companhia Melhoramentos de São Paulo, encontre igualmente acolhida em muitos amantes da música. Quisera colocar-lhe como lema as palavras de um amigo suíço, o educador musical Rudolf Schoch: "A música é uma coisa do coração. Sentir-se comovido por ela é melhor que poder analisá-la".

Foi precisamente o que senti, quando escrevi este livro. Passo-o, agora, às mãos dos que pensam da mesma forma. Não foi escrito para os entendidos da matéria, repito, mas para os amantes de música. Não discute problemas teóricos, não acumula datas em demasia e não supõe conhecimentos preliminares. Pretende ser o mais simples possível, mas propõe várias perguntas com o fito de aperfeiçoar e fazer refletir, sobretudo no que diz respeito a ouvir música, e o que mais belo ainda seria: fazer música. Pretende ser particularmente um guia, no melhor sentido da palavra, e pretende falar uma língua bem viva ao novato. Não mergulha em análise; limita-se a ser um resumo do essencial. Apesar disso, tenta, às vezes, por pequenas indicações, mostrar o caminho para a análise musical. Creio que para muitos será o primeiro livro de música, o que abre as cortinas, como que diante de um palco.

Houve na história humana — há muito, muito tempo — longas épocas em que a música se achava no centro da vida. E... eram tempos felizes!

Rock — O Grito e o Mito

ROBERTO MUGGIATI — VOZES

Lançado em 1973, este livro volta agora numa 3ª edição revista e atualizada. Seu autor, Roberto Muggiati, trabalhou na BBC de Londres entre 1962 e 1965 e acompanhou de perto a ascensão dos Beatles e dos Rolling Stones na Inglaterra do Escândalo Profumo e de Mary Quant. Em sua opinião, o rock devolveu ao homem a sua voz, abafada por séculos de repressão, e com a nova música o jovem passou a gritar bem alto suas necessidades, seus desejos, seu protesto, seu amor. Eis alguns dos comentários feitos pela crítica sobre *O Grito e o Mito:*

"Um livro fundamental para quem se interessa por comunicação, sociologia — e rock. Muggiati retirou de seu teclado páginas de uma importância que só pode ser comparada à de Dylan." **Wilson Cunha/Manchete.**

"É um prazer ler um livro assim quando o silêncio, a estagnação e a apatia parecem ser as definições do momento." **Luíz Carlos Maciel/O Jornal.**

"Neste pequeno ensaio (o autor) condensa, com espírito crítico, o que aconteceu com o rock (...) no primeiro trabalho sério publicado sobre este assunto no Brasil". **Dailor Varela/Veja.**

"O livro de R. M. analisa o fenômeno 'rock' com grande lucidez e conhecimento de causa, dando ao leitor uma visão global do assunto. E é admiravelmente bem escrito." **Heloneida Studart/Desfile.**

"A excelente narrativa de Muggiati (...) é justamente um mosaico que acompanha as arritmias sensoriais e o próprio compasso do rock. A música recebe, com isso, um tratamento totalizante: seus aspectos técnico, semiológico, social, poético e político são considerados com extensa documentação, numa reconstituição mais jornalística e apaixonada do que distante e acadêmica." **Renato Machado/Jornal do Brasil.**

"O que vale (na obra) é a análise musical e a rica bateria de pesquisa e informação. As idéias gerais, quando entram, são apenas o arcabouço, a hipótese de trabalho a ser demonstrada pela pesquisa." **Visão.**

O próprio autor, nos últimos parágrafos da Introdução (O Grito), informa os motivos que o levaram a escrever a obra e como deve ser lida:

(...) Do grito rústico das plantações do Sul ao rock eletrônico de 1970, é a mesma espinha dorsal. E a voz humana ressurge, depois de um longo silêncio. Escreve o compositor de vanguarda italiano Luciano Berio:

"Um dos aspectos mais atraentes da vocalidade do rock é o natural, o espontâneo, e a variedade das emissões vocais. A maior parte do tempo a voz grita, é verdade, mas cada voz grita à sua maneira, sem afetação."

A natureza dinâmica e fragmentária do rock não admite simplificações, reduções, catalogações. Daí a impossibilidade de "explicar" o rock ou inscrevê-lo num "panorama definitivo". Tentei apenas tocar naqueles pontos que parecem servir de indicações sobre o que está acontecendo hoje nas sociedades industriais avançadas, analisadas aqui no seu modelo mais acabado, o anglo-saxônico. Além desta introdução, e de uma conclusão, são seis os ensaios básicos que compõem esse livro. Podem ser lidos isoladamente; interligados, formam um mosaico desta música que é um dos mais importantes depoimentos sobre o estado da cultura ocidental. Cada ensaio trata de um tema específico:

1. Rock e revolução: música e política.

2. Música branca e música negra.

3. Rock e tecnologia: canção e comunicação.

4. *Underground* vs. *Establishment*: canção e consumo.

5. O grito e o mito: uma minifenomenologia do rock.

6. Do Sonho ao Pesadelo: *o rock* nos anos 70.

P.S.: A Geléia Geral do Terceiro Milênio: ou uma tentativa de adivinhação do som que vai rolar depois do ano 2000.

Quem se interessa por música, comunicação, sociologia e rock deve ler este livro.

Som — Saúde

STEVEN HALPERN, PH.D. — TEKBOX

O objetivo deste nosso livro é trazer saúde, paz e harmonia para a sua vida e para o mundo.

Nosso planeta pulsa com vida e energia. A responsabilidade por sua saúde física, sua sanidade emocional e sua criatividade espiritual está nas nossas mãos como seres humanos. Nós, os humanos, estamos no controle do planeta, que se move em sua trajetória evolucionária através do tempo. Sim, cada um de nós.

Esta é a descoberta da década: o futuro da vida na terra depende de nós. A saúde tem uma parte importante nesse futuro e só agora é que nós começamos a tomar os controles na área da saúde. Assim, as pessoas estão assumindo o seu direito pessoal de controlar a própria saúde.

Até pouco tempo, muitos deixavam essa responsabilidade unicamente para os médicos, farmacêuticos, amigos, família, e até mesmo para os anunciantes, que com aquela voz cheia de autoridade vendiam conselhos médicos e de saúde.

À medida que um número maior de pessoas desperta para um modo de vida baseado na própria responsabilidade, compreendemos que "você não precisa estar doente para ficar melhor". Começamos a assumir a responsabilidade pelos alimentos e pelos medicamentos que consumimos.

O interesse pela manutenção da própria saúde e pela medicina preventiva se tornou um fenômeno de crescimento sem precedentes. Hoje estamos aprendendo a usar todos os meios que produzem saúde para aperfeiçoar nossa própria integridade física, emocional e intelectual. Numa revolução pacífica, a humanidade desperta para o seu direito de ser saudável.

Neste livro queremos chamar a atenção para um elemento da saúde humana muitas vezes negligenciado — o SOM SAÚDE.

Esperamos fazer com que as pessoas se conscientizem de que o som, seja música de instrumentos, a voz de um cantor, o murmúrio da conversa humana, a campainha do telefone ou o badalar do sino da igreja — pode ser um ingrediente poderoso na fórmula da sua própria saúde.

Queremos compartilhar com vocês, leitores, os meios que descobrimos para usar o som e a música como auxiliares da boa saúde dos seres humanos. Queremos colocar os instrumentos da boa saúde em suas mãos porque, como muitos desta nova era de assumida responsabilidade e de conscientização, percebemos que os caminhos para uma boa saúde individual, bem como os meios utilizados para trazer saúde a toda a humanidade, pertencem a todos.

O som é uma força poderosa que pode ser usada para nos dar saúde, paz e harmonia. Esperamos que este livro o faça compreender que você pode ser uma força de saúde sonora no mundo.

Cura Natural

MARK BRICKLIN — CÍRCULO DO LIVRO

O livro Cura Natural — Os Métodos Seguros, Simples e Baratos para Manter a Saúde , de autoria de Mark Bricklin, é uma "enciclopédia prática de saúde natural." Editado pela primeira vez nos EUA em 1976 pela Rodale Press, Inc., foi lançado no Brasil pela Editora Abril e posteriormente pelo Círculo do Livro em 1983.

Nas instruções "Como usar este livro" o autor faz esta advertência:

Neste livro os métodos de cura natural são abordados de duas maneiras. Uma delas é a descrição das diferentes escolas ou modalidades de cura natural, como naturopatia e musicoterapia. Existem, naturalmente, mais modalidades de cura natural do que foi possível incluir aqui; mas procurei descrever aquelas que julguei de maior interesse, de maior utilidade e que pudessem ser explicadas adequadamente sem necessidade de detalhes excessivos.

Tratei ainda algumas doenças individualmente, discutindo aquelas terapias que nos parecem mais pertinentes e mais úteis. A maioria das terapias apresentadas se baseia em estudos publicados em revistas médicas ou livros e entrevistas com cientistas clínicos e especialistas. Outras informações são extraídas de casos relatados e apresentados como tal. Finalmente, em alguns casos, apresentei remédios herbáticos ou populares. Essas dimensões se distinguem de várias maneiras e tentei estruturar cada verbete de maneira a apresentar primeiro a informação que considerei mais digna de crédito.

Ao esboçar o grande volume de informações médicas sobre a cura natural, dei grande ênfase às descobertas relativamente recentes. Isso teve o objetivo de economizar espaço e reconhecer o fato de que grande parte do material mais antigo pode ser encontrada em outros livros.

Em vários trechos do texto o leitor encontrará referências como "Meyer sugere que..." ou "Segundo Levy..." Esses são os nomes de autores de livros sobre ervas, e seus nomes completos — assim como os seus livros — estão registrados na bibliografia anotada, incluída na seção sobre *medicina herbática.*

Finalmente, este livro pretende ser apenas educativo e não se destina a instruir ou preparar qualquer pessoa para um autotratamento, muito menos uma autodiagnose. Tenha em mente que os problemas de saúde são altamente individuais; sintomas semelhantes em duas pessoas diferentes podem indicar duas coisas completamente diferentes. Uma terapia (natural ou sintética) que traga uma melhora rápida para uma determinada pessoa pode não significar qualquer ajuda para outra pessoa, podendo ainda causar sérios efeitos colaterais numa terceira. Eu não apenas insisto que todos os problemas de saúde potencialmente sérios devam ser tratados por um médico mas também que você deve se certificar de que o seu médico está lhe oferecendo os *melhores* cuidados possíveis.

Recomendamos aos nossos leitores que leiam e estudem o livro do dr. Mark Bricklin.

O Poder Oculto da Música

DAVID TAME — CULTRIX

Este poderoso livro que leva como subtítulo: A Transformação do Homem pela Energia da Música, é um texto de leitura obrigatória por todos os estudiosos do assunto. A matéria é um estudo da influência da música sobre o homem e sobre a sociedade, desde o tempo das antigas civilizações até o presente.

Publicado e editado no Brasil pela Editora Cultrix (011) 63-3141, em 1993, já alcançou sucessivas edições. A tradução de Octávio Mendes Cajado é altamente elogiável.

Na abertura da obra o próprio autor faz estas observações:

O nosso tema não é a música como arte abstrata, senão a música como força que interessa a quantos a ouvem. A música ó não apenas como entretenimento, mas como energia literal.

Sempre que estivermos no campo audível da música, sua influência atuará constantemente sobre nós ó acelerando ou retardando, regulando ou desregulando as batidas do coração, relaxando ou irritando os nervos; influindo na pressão sangüínea, na digestão e no ritmo da respiração. Acredita-se que é vasto o seu efeito sobre as emoções e desejos do homem, e os pesquisadores estão apenas começando a suspeitar-lhe da extensão da influência até sobre os processos puramente intelectuais e mentais.

Além disso, influir no caráter do indivíduo é o mesmo que alterar o átomo ou unidade básica ó a pessoa ó corn a qual se constrói toda a sociedade. Em outras palavras, a música também pode representar um papel muito mais importante no determinar o caráter e a direção da civilização do que a maioria das pessoas, até agora, propendeu a crer. Os poderes da música são multifacetados, às vezes misteriosamente potentes e, até agora, não de todo compreendidos. Podem ser usados ou abusados. Desprezemos o emprego consciente, construtivo, desses poderes em nosso próprio prejuízo. Ignoramo-los para nosso próprio perigo.

Conquanto pouco se reflita hoje em dia sobre o significado ou a função da música dentro da sociedade, as civilizações de outrora eram, de ordinário, muito cônscias do poder da música. Isto foi especialmente verdadeiro na era pré-cristã. Com efeito, quanto mais olhamos para trás no tempo, tanto mais se nos deparam pessoas que tinham consciência dos poderes inerentes ao âmago de toda música e de todo som.

Leitura imperdível!